Ma passion

LES MONNAIES
& LES BILLETS

BRENDA RALPH LEWIS

casterman

L'éditeur tient à remercier les personnes suivantes pour l'aide qu'elles ont apportée à la réalisation de ce livre :
Spink & Son, of St James's, London SW1 pour le prêt des billets et monnaies destinés à la photographie; Colin et Simon Narbeth,
Philip Cohen, London WC2; Patrick Dean de Tower Mint Ltd, London SE10, Spink & Son Modern Collections; pour l'aide à la traduction
française : J.L. Van der Schueren de l'A.B.L.N.P.

Crédit photographique

(g : à gauche, d : à droite, b : en bas, h : en haut, c : au centre)

Bank of England 32 bg; The British Library 60 b; Trustees of the British Museum 21 hg, 30 c; 36-37 b, 37 hg, 37b, 38 bg, 38 bc, 39, 40 bd, 44 h, 44 c, 45 d, 47 hg, 50-51, 53 cg, 53 cd, 53 bd, 54 cd, 54 b, 55 h, 56 b, 57 c, 62 bg, 63 cd, 64 g, 65 d, 68 g, 68-69 b, 69 hg/ © The Chartered Institute of Bankers 30 h; Peter Clayton 23 hg, 24 bc, 24 bd, 25 hg, 25 bg, 29 b, 41 bc, 59 h; Glendining's 28 h, Robert Harding Picture Library 9, 11, 58, 59 b, 61; Michael Holford Photographs 21 d, 24 bg; Hulton Deutsch Collection Ltd 20 h; The International Stock Exchange Photo Library 8; Biblioteca Medicea Laurenziana, Florence/ Donato Pineider 20 h; The Board of Trustees of the National Museums & Galleries on Merseyside (Liverpool Museum) 60 b (fond); Royal Mint 10, 28 c, 28 cg, 29 c, 69 hd; Thomas de la Rue & Company Ltd 32 bd, 24 h; Spink & Son b, 30-31 h, 37 hd, 54 h, 54 cg, 65 h.
Toutes les autres photos sont dues à David Johnson.

Illustrateurs :

David Ashby (Garden Studio) : 35, 59, 61; Peter Bull Art : Cartes (72-75)..

Conception graphique : Anne Sharpels, Mark Summersby - Mise en pages : Tangram
Publié pour la première fois en Grande-Bretagne par Hamlyn Children's Books © 1993 Reed International Books limited.
© Casterman 1994
Traduction française : Vincent Deligne - Marie-Caroline Frappart

Droits de traduction et de reproduction réservés pour tous pays. Toute reproduction, même partielle, de cet ouvrage est interdite.
Une copie ou reproduction par quelque procédé que ce soit, photographie, microfilm, bande magnétique, disque ou autre, constitue une contrefaçon passible des peines prévues par la loi du 11 mars 1957 sur la protection des droits d'auteur.
ISBN 2-203-102 03-9

Imprimé en Grande-Bretagne.
Dépôt légal septembre 1994; D1994/0053/12
Déposé au Ministère de la Justice, Paris
(loi n°49.956 du 16 juillet 1949 sur les publications destinées à la jeunesse.)

TABLE DES MATIERES

Monnaies et billets de banque	8
Comment trouver monnaies et billets	10
Comment entamer une collection	14
La collection des billets de banque	18
Le troc	20
Les premières monnaies	22
Les Romains	24
Que montrent-elles ?	26
La fabrication des monnaies	28
Le papier-monnaie	30
La fabrication des billets de banque	32
Comment préserver votre collection	34
Antilles	36
Europe	38
Monnaies commémoratives	42
Amérique du Nord	44
Amérique latine	46
Les alphabets des pièces	48
Asie	50
Toutes les pièces ne sont pas rondes !	52
Afrique	54
Australie et Océanie	56
Découvrir un trésor	58
Erreurs et contrefaçons	62
Etranges et célèbres	64
L'avenir de la monnaie	66
Jetons	68
Glossaire des monnaies et billets	70
Cartes	72
Index	76

PIÈCES DE MONNAIE ET BILLETS DE BANQUE

On affirme souvent que l'archéologie, la science qui permet la découverte du passé, permet de tenir "l'histoire dans sa main". On pourrait en dire autant des pièces de monnaie et des billets de banque, car il existe évidemment un lien direct entre les pièces et l'archéologie. Les archéologues ont en effet découvert des trésors en pièces de monnaie, perdus ou enterrés voici très longtemps.

Le monde des pièces de monnaie

La découverte de trésors enterrés n'est pas la seule manière dont les pièces et billets peuvent s'avérer intéressants. En tant que collectionneur, vous pourrez détenir et manipuler des pièces qui ont été utilisées par de nombreuses personnes avant vous. Une pièce vraiment ancienne, comme une pièce de la Rome antique, vous est parvenue après avoir traversé les siècles et a été frappée à une époque où les grands événements, dont vous pouvez prendre uniquement connaissance dans les livres d'histoire, se produisaient réellement. Vous ne pourrez jamais connaître les hommes qui ont vécu ces événements, mais vous avez un lien avec eux : les pièces que vous tenez dans la main étaient jadis dans la leur !

La beauté de l'argent

Les pièces et les billets de banque sont de l'argent : ils représentent la richesse de leur propriétaire. Ces morceaux de métal et ces feuilles de papier sont employés pour acheter biens et services. Mais ils représentent également bien davantage. En effet, les pièces et billets vous racontent l'histoire de gens célèbres, les événements marquants ou les grandes réalisations du passé, comme la découverte de l'Amérique par Christophe Colomb. Les monnaies et billets peuvent aussi être de remarquables œuvres d'art. Ils peuvent vous apprendre un certain nombre de faits sur les pays qui les ont produits. Ils décrivent de diverses manières des sujets fascinants, tels la faune et la flore, les transports, la géographie ou le sport.

Tout ce à quoi les gens accordent un certain prix peut être employé comme argent. Ainsi, dès avant l'apparition des premières pièces de monnaie, l'or (ci-dessus) a été considéré comme présentant une certaine valeur - une valeur telle qu'en fait il doit être protégé dans d'énormes chambres fortes à l'intérieur des banques.

Voici de l'argent provenant du monde entier. Les deux formes que l'on rencontre le plus fréquemment sont les pièces de monnaie et les billets de banque. Comme vous pouvez le constater, les billets de banque ont une belle apparence. Quant aux pièces, elles présentent toutes sortes de tailles différentes et ne sont pas toutes rondes.

Pièces de monnaie et billets de banque

A propos du présent ouvrage

Cet album va vous entraîner dans un fascinant voyage au travers du monde des monnaies et des billets de banque. Il vous aide à entamer votre propre collection et à organiser celle-ci, et vous indique la façon de découvrir pièces et billets ainsi que les endroits où acheter ceux-ci. Il comprend également des chapitres consacrés aux pièces célèbres ou inhabituelles ou aux régions du monde où les pièces et billets sont produits, ainsi qu'une section contenant des cartes vous indiquant les pays où vous pouvez les trouver, avec un glossaire relatif aux termes spécifiques à la monnaie. Des tas de choses sont à découvrir et nous espérons que vous tirerez tout le plaisir et l'intérêt que l'univers des monnaies et billets peut vous offrir.

Aujourd'hui, tout un chacun peut tirer de l'argent (en billets) de son compte en banque au moyen de machines automatiques.
Il suffit d'introduire une carte dans le distributeur, de taper un code d'identification personnel ainsi que le montant souhaité. Après vérification du code, l'appareil délivre la somme voulue.

COMMENT TROUVER MONNAIES ET BILLETS

Le vendeur aide un jeune collectionneur à choisir une pièce en lui fournissant des renseignements sur celle-ci.
Les vendeurs partagent généralement très volontiers leurs connaissances.
De temps à autre, de très importantes foires aux pièces se tiennent dans de grandes villes. Des dizaines de marchands y participent, tandis qu'une exposition est souvent organisée à cette occasion.

Les vendeurs de pièces se tiennent derrière leurs présentoirs, sur lesquels s'étale leur stock. Il existe des petites boîtes de pièces vendues quelques francs, cependant que les pièces plus onéreuses sont exposées sur des plateaux. Certaines d'entre elles peuvent être romaines, grecques ou de toute autre origine très ancienne. D'autres sont plus modernes et viennent des quatre coins du monde. Les vendeurs proposent également des catalogues et autres ouvrages, des boîtes d'essais monétaires scellés (pièces neuves et superbes) ainsi que des albums et écrins pour monnaies et billets.

Bourses d'échange

La plupart des collectionneurs se rendent régulièrement aux foires et autres bourses d'échange. Pour eux, les étals des marchands permettent de réaliser des "pêches miraculeuses" et de dénicher de nombreux objets intéressants, avec peut-être quelques heureuses surprises à la clé! Voilà le réel intérêt de ce genre de manifestations. Vous y viendrez peut-être avec votre liste de pièces et billets à acheter, mais vous ne connaissez jamais à l'avance les richesses que vous pourrez y découvrir: peut-être une monnaie que vous cherchez depuis longtemps, peut-être un objet dont vous n'aviez jamais entendu parler.
Vous devrez vous lever dès l'aurore pour vous rendre à une bourse d'échange de pièces et billets. En effet, les marchands sont généralement installés et prêts à travailler dès sept heures du matin, voire plus tôt, et à l'heure du déjeuner ils auront peut-être déjà remballé leurs marchandises pour rentrer chez eux. Les magasins de pièces et de billets disposent évidemment d'un éventail permanent et plus important. Quant à leurs heures d'ouverture, elles sont identiques à celles des autres magasins.

Un catalogue de vente aux enchères vous renseigne sur les pièces de monnaie et billets de banque présentés à cette occasion. Si vous souhaitez examiner ceux-ci préalablement, vous pouvez visiter l'exposition qui se déroule avant la vente proprement dite. Vous pourrez y admirer les objets décrits dans le catalogue et connaître l'estimation (montant sur la droite) établie par les commissaires-priseurs.

Premier empire, Napoléon 1er (1804-14)

187. Essai 40 francs, AN 13 (1804-05), A (Paris atelier), créée par Tiolier. Profil à gauche, NAPOLEON EMPEREUR.
Revers : valeur en couronne avec REPUBLIQUE FRANÇAISE autour et date en dessous. Tranche : DIEU PROTEGE LA FRANCE.
Poids : 12,881 gr.   8000 -10 000
Etat d'origine, extrêmement rare
*Vendu à Vinchon, Paris 11 février 1963 (n°170)

188. 40 francs, 1806, A (Paris atelier). Même type que 187.   960 - 1200
Poids : 12,857 gr.
Très bon état
Vendu à van Kuyk, Schulman, Amsterdam 5 juin 1961 (n° 656).

Comment trouver monnaies et billets

Approfondir ses connaissances

Les magasins et les foires présentent cependant un important aspect commun : il s'agit de deux endroits où vous pouvez rencontrer d'autres collectionneurs et discuter avec eux. Et cela n'a rien à voir avec l'école où vous apprenez des matières déterminées. En effet, en observant pièces et billets, en les recherchant dans des catalogues, en découvrant des informations à leur sujet et en écoutant ce que les collectionneurs et marchands pourront vous dire à leur propos, vous engrangerez tout simplement l'information au fur et à mesure de vos pérégrinations.

Observez cette forme inhabituelle d'argent: cette jeune femme kenyane porte son argent sur sa tête. Elle peut utiliser les pendentifs d'or pour "acheter" des produits sur le marché.

Ventes aux enchères

Lors d'une vente aux enchères, chaque lot, constitué d'une ou de plusieurs pièces, est vendu à la personne qui offre la somme maximale pour celui-ci.

L'ACHAT DE PIECES ET DE BILLETS

 Lorsque vous partez acheter des pièces et des billets, vérifiez que vous emmenez avec vous une liste de ceux que vous possédez déjà. Sans cela, vous risquez fort de gaspiller votre argent en achetant plusieurs fois les mêmes pièces. Fixez-vous un prix à payer raisonnable, au-delà duquel vous vous interdisez d'aller.

 Contrôlez attentivement l'état des pièces. Evaluez de manière réaliste l'usure du dessin et établissez la valeur en conséquence. Vérifiez que des pièces très brillantes n'ont pas été polies. En effet, les pièces polies ne valent pas autant que celles se présentant dans leur état d'origine.

 Examinez attentivement les billets de banque. Si un billet est souple, cela signifie qu'il a probablement été lavé, alors que s'il se recourbe ou s'il brille, il a été repassé. En observant le billet en pleine lumière, vous pourrez détecter d'éventuels plis qui ont été éliminés. Vous pouvez également sentir la présence de ces plis en palpant le billet entre le pouce et l'index.

 Les billets de banque ont généralement une odeur de vieux objets, mais ne les achetez pas s'ils dégagent un parfum étrange. Cela signifie en effet qu'ils ont probablement été stockés dans de mauvaises conditions et leur état empirera une fois que vous les aurez achetés. Vérifiez que la couleur du billet est correcte, qu'elle n'est pas passée à la suite d'une exposition prolongée au soleil.

 Si vous estimez sincèrement que le prix d'un article est trop élevé, proposez un prix inférieur. Les marchands ont en effet tendance à être optimistes quant à la valeur de leurs monnaies et billets !

LE TRUC DU COLLECTIONNEUR

Lorsque vous vous rendez dans une foire ou dans un magasin, emmenez avec vous un petit album ou une série de capsules acryliques pour pièces, qui vous permettront de ramener vos achats chez vous en toute sécurité.

Comment trouver monnaies et billets

Magazines

Vous pouvez obtenir une multitude d'informations sur les pièces et billets en lisant les articles et annonces publicitaires des revues de numismatique. Acheter par correspondance auprès de marchands qui font de la publicité dans ces magazines constitue une autre manière d'obtenir des monnaies et des billets. Ceux-ci peuvent demander un "paiement à la commande". Cela signifie que vous devez envoyer la somme due par la poste (il est préférable de demander à un adulte de rédiger un chèque pour vous) pour que le vendeur vous envoie ensuite les objets acquis.

Clubs et associations

Si la numismatique vous intéresse, vous vous sentirez tout à fait à l'aise au sein d'un club. En effet, les collectionneurs chevronnés sont en général absolument ravis d'aider les collectionneurs plus jeunes et moins expérimentés. Ces clubs permettent à leurs membres de se rencontrer pour parler de pièces, examiner celles-ci, voire se les échanger ou se les acheter les uns aux autres. L'échange est d'ailleurs un moyen particulièrement intéressant d'obtenir de nouveaux billets et pièces. Il implique de surcroît que vous ne devez pas payer avec votre propre argent.

La bibliothèque locale constitue généralement le meilleur endroit pour trouver des informations sur les clubs de votre région. Ces informations se trouvent dans la section référence. De même, si un club numismatique existe au sein de votre école, vous pouvez vous y inscrire. Si ce n'est pas le cas, pourquoi ne pas en créer un vous-même ? Quant aux clubs plus importants, ils invitent parfois des orateurs qui viennent s'exprimer sur les différents aspects du hobby et ils organisent à l'occasion des expositions ou des concours.

Pièces scellées (slabs)

Le "slabbing" est considéré comme une méthode précise d'évaluation et de description de l'état des pièces. Il est largement employé aux Etats-Unis et a tendance à se généraliser en Europe. Un marchand estime la valeur d'une pièce puis la scelle dans une pochette transparente. Celle-ci contient également une description détaillée de l'état de conservation de la pièce en question.

De nombreux marchands n'acceptent pas le système du scellage, notamment parce que celui-ci accroît l'importance de l'état et de la qualité d'une pièce lors de l'évaluation de celle-ci, même pour des pièces très anciennes qui sont très rares ou n'ont pas été frappées selon les normes sévères d'aujourd'hui. Certaines monnaies peuvent dès lors être surévaluées.

Cette monnaie scellée (à droite) est une couronne de 1821, classée dans la catégorie américaine FDC 65. Il s'agit donc d'une pièce superbe et en état "Choice" (meilleur état que la plupart des monnaies superbes).

Les magazines spécialisés contiennent des articles sur les pièces, les billets et d'autres sujets connexes (cartes de téléphone par exemple), dressent la liste des clubs et de leurs activités, vous informent des dates et lieux de foires et bourses d'échange, et enfin comprennent des annonces publicitaires de vendeurs spécialisés. N'hésitez pas à consulter également des magazines consacrés aux timbres-poste, car certains d'entre eux contiennent des informations sur les monnaies. Quant aux catalogues, ils sont parfois très onéreux, mais vous pouvez les emprunter auprès de votre bibliothèque municipale.

Comment trouver monnaies et billets

ETAT DES PIECES ET BILLETS

L'état de conservation des pièces et billets est un facteur important pour les collectionneurs. Détenir des billets en mauvais état ne présente pas un grand intérêt si ceux-ci peuvent par ailleurs être obtenus facilement, à bon marché et en bon état. En revanche, vous pouvez être satisfait de posséder un billet même en mauvais état, lorsque vous savez que celui-ci est très rare. Voici quelques indications qui vous guideront dans l'achat de pièces et de billets. Lisez-les attentivement, car en matière de collection de pièces, "Beau" signifie usé !

Superbe

DESCRIPTION	MONNAIES	BILLETS
FDC (à fleur de coin)	Etat neuf, meilleur état de conservation possible	Terme non utilisé
SUP (superbe)	Présente de très fines griffes résultant de chocs avec d'autres pièces pendant la fabrication.	Billet parfait, non terni - rigide, présentant de très légères traces d'utilisation.
TTB (très très beau)	Usure très faible ou inexistante sur la pièce.	Eclat terni, mais à part cela, billet sans défaut.
TB (très beau)	Traces d'usure faible mais non importantes, particulièrement sur les surfaces en relief.	Billet non endommagé, mais pouvant présenter plusieurs plis ou d'autres signes d'usure.
B à TB (beau à très beau)	Un peu plus usée - les points culminants de la surface sont usés - mais toujours intéressante à acheter.	Présente des plis, de petites taches, des traces d'usure, mais toujours intéressant.
Très bien conservée	Réels signes d'usure, détails abîmés, mais reste probablement intéressante à acheter.	Présente des petites griffes, des taches, ou des trous d'épingle.
Bien conservée	Légende et sujet toujours visibles, mais pièce fortement usée sur toute sa surface. Date à peine lisible.	Gravement endommagé, fragments manquants, mais dessin complet.
B (beau)	Très fortement usée. Date probablement illisible.	Encore moins bien conservé, dessin atteint.
M (médiocre)	Etat pire que moyen. Présente des éclats, voire des perforations.	Affreux, très fortement endommagé.

Très beau

Beau

Très très beau

Beau à très beau

COMMENT ENTAMER UNE COLLECTION

Votre envie de commencer une collection vous sera peut-être transmise par un membre de votre famille qui pratique déjà ce hobby ou proviendra tout simplement de votre sensibilité au charme des pièces et des billets. Si vous vous rendez à l'étranger, peut-être souhaiterez-vous constituer, comme souvenir de vos vacances, une petite collection des monnaies du pays que vous êtes en train de visiter. Quoi qu'il en soit, vous devez décider où et quand vous commencerez votre collection et définir le domaine couvert par celle-ci.

Petite monnaie

Examinez la petite monnaie contenue dans votre porte-monnaie ou dans votre poche; peut-être y trouverez-vous une pièce plus ancienne? En Grande-Bretagne par exemple, il est possible de trouver une pièce de deux shillings, ou florin, représentant le roi George VI, que vous avez reçue au lieu d'une pièce de dix pence, plus commune et de même taille. Aux Etats-Unis, vous pourrez peut-être trouver l'une des fameuses pièces à tête d'Indien. Si celle-ci vous semble intéressante, pourquoi ne pas la conserver au lieu de la dépenser?

MATERIEL

Vous avez besoin de très peu de matériel pour commencer votre collection. Les seuls objets onéreux sont les albums pour monnaies et billets de banque (voir pages 34-35). Peut-être disposez-vous déjà de tout ce qu'il faut chez vous!

PINCE A EPILER
Certains collectionneurs préfèrent employer une pince à épiler pour saisir les monnaies afin que la poussière et la transpiration des mains ne les endommagent pas. Si vous optez pour cette solution, achetez des pinces qui disposent d'extrémités isolées (plastifiées), car des extrémités en métal nu grifferaient les pièces.

Le "half-dollar" (à droite) et le dollar (ci-dessous, à droite) sont des pièces courantes aux Etats-Unis d'Amérique. La collection d'une même pièce de chaque année de son émission, plus particulièrement les fameuses "têtes d'Indien", est un thème populaire aux USA. Les collectionneurs d'autres pays peuvent procéder de la même manière. La numismatique est une discipline internationale, ce qui signifie que vous ne devez pas nécessairement vivre dans un pays pour en collectionner les monnaies.

Développement d'une collection

Si vous conservez suffisamment de pièces, vous disposerez rapidement d'un début de collection, ou plutôt d'un ensemble de pièces qu'il conviendra d'organiser en collection. Pour ce faire, vous devrez vous efforcer de trouver des renseignements sur les autres pièces qui pourraient venir compléter de manière cohérente les monnaies isolées que vous détenez déjà.

C'est alors que vous devrez apprendre tout ce que vous pouvez sur le sujet en lisant des ouvrages de référence, en consultant des catalogues ou en vous inscrivant dans un club de numismatique. Vous devrez également prendre une importante décision à ce moment. Le nombre de pièces existantes est trop important pour que vous puissiez les collectionner toutes et il conviendra donc de vous spécialiser dans certains domaines. Mais lesquels?

LOUPE

Vous aurez besoin d'une loupe pour examiner les détails les plus fins des dessins des monnaies et billets. Une loupe de poche peut s'avérer utile lorsque vous êtes dans un magasin. Si vous souhaitez examiner une pièce de près, veillez à ne pas la griffer avec le verre.

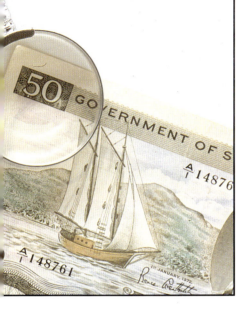

UTILISATION D'UN CATALOGUE

Les catalogues semblent très complexes, mais ils sont en fait très faciles à utiliser. Vous devez tout d'abord lire l'introduction qui vous expliquera l'organisation des informations. Ensuite, à l'aide de l'index, vous trouverez le pays ou la région se rapportant à la monnaie ou au billet au sujet duquel vous souhaitez recueillir des informations. Les monnaies peuvent être classées par date ou par valeur. Les prix indiqués dans le catalogue correspondent généralement aux catégories "Superbe", "Très très beau" et "Très beau". Les monnaies entrant dans la catégorie "Beau à très beau" peuvent avoir une valeur encore inférieure. Voici ci-dessous une entrée de catalogue type concernant une monnaie maltaise.

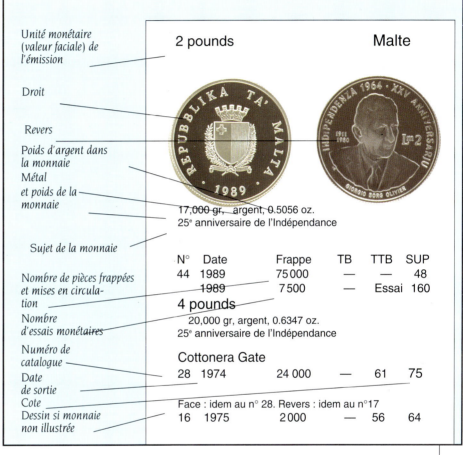

- Unité monétaire (valeur faciale) de l'émission
- Droit
- Revers
- Poids d'argent dans la monnaie
- Métal et poids de la monnaie
- Sujet de la monnaie
- Nombre de pièces frappées et mises en circulation
- Nombre d'essais monétaires
- Numéro de catalogue
- Date de sortie
- Cote
- Dessin si monnaie non illustrée

Voici des monnaies et billets datant du règne du roi George VI (1936-1952). Il existait deux types de pièces de 3 pennies généralement utilisées: une petite en argent (1937-1944) et la pièce de 3 pennies dodécagonale en cupro-nickel (1937-1948). Sont également présentés 4 "Maundy" d'argent, soit les pièces de un, deux, trois et quatre pennies, distribuées chaque année par le roi à l'occasion d'une cérémonie spéciale en faveur des pauvres.

Comment entamer une collection

Que collectionner ?

Etant donné que les monnaies sont employées depuis 2 600 ans environ, l'éventail des objets à collectionner est énorme. Cette affirmation vaut également pour les billets de banque, bien qu'ils soient émis depuis seulement le quart de cette période. Le choix est immense, même si vous négligez les spécimens plus rares que vous ne pourrez pas vous payer.

Si vous vous intéressez au florin anglais du roi George VI ou à la pièce à tête d'Indien des Etats-Unis par exemple, vous pourrez étendre votre collection à d'autres monnaies britanniques ou américaines. Toutefois, il existe de très nombreux autres moyens de décider du contenu de votre collection. Peut-être votre famille vient-elle d'un pays d'outre-mer ou peut-être avez-vous des parents qui vivent à l'étranger. Peut-être encore appréciez-vous les pièces d'un pays dans lequel vous avez passé vos vacances. Vous pourrez donc, si vous le souhaitez, en collectionner les pièces ou les billets.

Juste une pièce

Il peut également s'avérer intéressant de collectionner de nombreux exemplaires de la même monnaie. Ainsi, l'observation de monnaies émises sur une longue période, alignées par années dans un album ou un écrin appropriés, peut se révéler passionnante. Heureusement, ce type de monnaies peut être assez bon marché, car elles ont généralement été frappées en grande quantité. En effet, plus le nombre de pièces du même sujet est élevé, plus le prix que vous aurez à payer pour chacune d'entre elles sera réduit. Il en va évidemment de même pour le papier-monnaie.

Vous pouvez également constituer une belle collection de monnaies commémoratives, frappées à l'occasion d'événements particuliers (voir page 42). Ainsi, les Jeux olympiques ou la coupe du monde de football, qui se tiennent tous les quatre ans, impliquent la participation de pays du monde entier, qui frappent alors de nombreuses pièces commémoratives. Quoi qu'il en soit, l'objet de votre collection doit avant tout vous intéresser et vous amuser, car la meilleure collection sera celle que vous aimerez admirer et au sujet de laquelle vous serez avide de connaissances.

Le bon sujet

Avant d'entamer votre collection, effectuez un certain nombre de recherches dans des catalogues et autres ouvrages. Assurez-vous que vous n'avez pas opté pour un sujet trop vaste ou trop difficile à cerner vu la rareté et le caractère onéreux des spécimens le concernant. Rien n'est pire en effet que de gaspiller son temps et son argent à tenter de constituer une collection que vous ne pourrez développer pleinement.

Vous pouvez commencer une collection avec n'importe laquelle de ces pièces (de haut en bas) : 5 francs belges, frappés depuis 1986 ; 10 cents de Hong-Kong (1958-1979), 50 centavos portugais (1927-1968) ; un cent de Ceylan (1963-1971), l'une des dernières monnaies produites par l'île avant qu'elle ne soit rebaptisée Sri Lanka en 1972 ; 2 francs français frappés pour la première fois en 1979 et un dollar canadien "Voyageur" frappé pour la première fois en 1936.

Comment entamer une collection

COLLECTION THEMATIQUE

Vous intéressez-vous particulièrement aux animaux, à l'aéronautique, à la géographie ou à un quelconque autre sujet thématique ? De très nombreuses monnaies peuvent être collectionnées par thème, mais il faut savoir que si vous choisissez par exemple l'automobile comme sujet de collection, vous n'irez pas très loin. En effet, la seule monnaie ayant jamais illustré une voiture est un dollar chinois en argent de 1928 qui est évidemment très cher : plus de 4 000 FF en état de conservation "très très beau". Vous avez cependant un choix très vaste dans d'autres domaines : les sujets tels les navires, l'exploration spatiale, les éléphants, les lions, les arbres, les fruits, la musique, les gens célèbres, etc., ont tous été représentés de nombreuses fois sur des monnaies. Voici quelques sujets qui peuvent faire l'objet d'une collection.

Bœuf sur une pièce de 50 bututs frappée en 1971 en Gambie.

Oiseau sur une pièce de 50 cents des îles Vierges britanniques.

Fleurs sur 1 dollar canadien de 1970.

Navire sur une pièce portugaise de 10 escudos.

Volcan (à droite) sur une pièce philippine de 50 cents datant de 1964.

Navette spatiale avec ses lanceurs sur une pièce de 5 dollars des îles Marshall.

Les Jeux olympiques se déroulent tous les 4 ans. Voici des monnaies commémoratives frappées au Mexique (1968), en Allemagne (1972), en Pologne (1980, pour les Jeux organisés en Union soviétique cette année-là) et en Espagne (1990, pour les jeux de Barcelone de 1992).

Quel état ?

Les collectionneurs expérimentés achètent généralement des monnaies d'état de conservation "très beau" (TB) au minimum. Vous n'aurez peut-être pas les moyens de vous offrir certaines monnaies en parfait état et devrez donc, le cas échéant, vous contenter d'exemplaires de catégorie "beau à très beau" (B à TB). Toutefois, il est préférable de se constituer progressivement une collection en achetant quelques monnaies en excellent état de conservation, plutôt que de se précipiter dans l'achat de très nombreux spécimens de qualité inférieure. Si vous avez un doute, n'achetez pas. Plus tard en effet, vous apprécierez davantage une collection de monnaies en excellent état qu'un amas de pièces de moins belle apparence. Soyez patient !

LA COLLECTION DES BILLETS DE BANQUE

Bien que les billets de banque ne soient pas émis depuis aussi longtemps que les pièces, vous pouvez avec le temps en constituer une importante collection. En effet, des milliers de billets ont été imprimés au cours des 200 dernières années, au fur et à mesure que cette formule de paiement a remplacé ou est venue s'ajouter au numéraire métallique. Des pays tels que le Mexique et le Costa Rica en Amérique centrale ou la Chine et Hong-Kong en Asie ont tous émis de très nombreux types de billets. La plupart d'entre eux sont relativement bon marché et s'avèrent en outre très colorés et intéressants.

Ce billet de 1949 (ci-dessus) vient de l'île de Malte dans la Méditerranée. La croix sur le billet représente une médaille du courage, la George Cross. Pendant la Deuxième Guerre mondiale, cette île a en effet subi de nombreux raids aériens et, après le conflit, son peuple s'est vu décerner cette médaille en hommage à son courage.

Lots variés

Etant donné l'ampleur du choix en matière de pays et de papier-monnaie, la meilleure manière de commencer une collection consiste à acheter un lot de billets variés dans un magasin spécialisé ou dans une foire. Un lot est constitué d'une grande quantité de billets, vendus simultanément à un prix généralement raisonnable. Il contient environ 50 à 60 spécimens et vous fournit un large éventail de la production du monde entier.

L'étape suivante consiste à en sélectionner un certain nombre que vous trouverez particulièrement dignes d'intérêt. Vous lirez ensuite des catalogues et autres ouvrages de référence afin de trouver des informations sur les séries monétaires et thèmes auxquels ceux-ci se rapportent (voir page suivante). Vous pourrez alors déterminer l'objet de votre collection.

Lorsque vous achetez un lot de billets et que vous les étalez pour les examiner, voici ce que vous obtenez : des couleurs variées, des sujets intéressants, des gravures soignées et de très nombreuses informations. Gardez toutefois à l'esprit que les lots ne contiennent généralement que des billets courants, produits en grand nombre.

LE TRUC DU COLLECTIONNEUR

Pour commencer votre collection, choisissez des billets de faible valeur et de très bonne qualité. Attendez d'être plus expérimenté pour acheter plus rare et plus cher.

Ce billet de banque britannique de 5 livres sterling, appelé le "White Fiver" (à droite), est l'un des plus célèbres d'entre tous. Il a été émis jusqu'en 1957.

Les billets colorés représentés ci-dessous sont des "Notgelden", un mot allemand signifiant "argent de nécessité". Ils ont été émis en 1920, pendant une période d'explosion de l'inflation en Allemagne. Cela signifie que les prix atteignaient des sommets faramineux et que l'argent perdait toute sa valeur. Les prix étaient si élevés qu'une tasse de café pouvait par exemple coûter jusqu'à 8 000 marks.

Voici un "Hell Note" ("billet d'enfer", à gauche), papier-monnaie d'imitation imprimé en Chine. Les billets d'enfer étaient brûlés sur les bûchers funéraires, car les Chinois pensaient que les morts avaient besoin d'argent dans l'au-delà.

SERIES MONETAIRES ET THEMES

Les billets de banque sortent souvent par séries monétaires, c'est-à-dire par groupes de billets émis simultanément. Ainsi, si vous disposez d'un billet d'une série, vous pouvez essayer de découvrir les autres membres de celle-ci. Le papier-monnaie présente également de très intéressantes illustrations : célébrités, animaux, bateaux ou trains par exemple. Celles-ci vous apprennent un certain nombre de choses sur le pays émetteur. C'est cet aspect qui déterminera l'objet de votre collection : billets d'un certain pays ou d'une certaine région du monde, billets se rapportant à des thèmes ou sujets qui vous touchent, ou encore billets du monde entier, pour autant que vous puissiez bien sûr y consacrer le temps et l'argent nécessaires.

Ces billets de banque émis par l'Espagne en 1928 sont à l'effigie d'Espagnols célèbres tels le peintre Vélasquez (50 pesetas) ou Cervantes (100 pesetas), auteur du roman Don Quichotte.

LE TROC

Notre argent moderne est si important à nos yeux pour acheter les biens que nous voulons ou dont nous avons besoin, qu'il est difficile de s'imaginer l'époque où il n'existait pas. Les 2 600 années d'existence de la monnaie peuvent en effet sembler une période très longue, alors que les êtres humains vivent pourtant sur la terre depuis bien plus longtemps que cela. Comment donc obtenaient-ils ce dont ils avaient besoin avant de commencer à employer des pièces?

Pas besoin de pièces

Jusqu'il y a 40 000 ans environ, à l'époque de "l'Age de pierre", les hommes chassaient les animaux pour se nourrir. Ils utilisaient les peaux d'animaux pour se vêtir et leurs os, des pierres ou du bois pour fabriquer des armes et des outils. Ils cueillaient également des baies ou des feuilles pour subsister. Ils ne devaient donc pas recourir à l'argent, puisque la faune et la flore terrestres leur fournissaient pratiquement tout ce dont ils avaient besoin pour vivre. En outre, ces hommes préhistoriques qui pratiquaient la cueillette et la chasse étaient généralement des nomades. Cela signifie qu'ils ne vivaient pas sur un site précis, mais qu'ils se déplaçaient sans cesse pour suivre les troupeaux d'animaux.

Le troc

Bien plus tard cependant, certaines peuplades se fixèrent à un endroit déterminé. Certains devinrent cultivateurs ou éleveurs, tandis que d'autres se consacrèrent à la fabrication d'outils et d'armes. En d'autres termes, les hommes commençaient à se spécialiser dans le travail qu'ils effectuaient, si bien que pour se procurer nourriture, vêtements ou autres objets, ils devaient pratiquer le troc. Il s'agit de la plus ancienne forme de commerce, dans laquelle un produit était échangé contre un autre.

Les biens échangés ont tout d'abord été des animaux, des peaux ou de la nourriture. C'est dans ce domaine que de nombreux termes "d'argent" contemporains trouvent d'ailleurs leur origine: il s'agit de mots concernant des animaux. Ainsi, "pécuniaire" (relatif à l'argent) vient du latin *pecus*, qui signifie troupeau d'animaux. De même, le salaire que reçoit une personne pour son travail vient de *sal* ou sel, qui constituait parfois la solde des soldats romains. A la base, les hommes pratiquaient le troc avec des biens qu'ils avaient fabriqués, mais dont ils n'avaient pas besoin - en fait, l'excédent de leur production.

Aux XVᵉ et XVIᵉ siècles, lorsque les marchands européens se sont rendus pour la première fois en Asie et en Amérique, ils ont négocié par troc avec les hommes qu'ils ont rencontrés. Ainsi, aux îles Moluques (qui font partie aujourd'hui de l'Indonésie), les habitants cultivaient le clou de girofle, la noix de muscade et d'autres épices que les Européens appréciaient pour donner une saveur à la viande ou conserver celle-ci. L'illustration ci-dessus montre un marchand proposant des étoffes en échange d'épices.

Dans l'ancien Mexique, les Aztèques employaient des bandes de plumes rouges ou des graines de cacao comme petite monnaie, mais la plupart des transactions commerciales étaient réalisées par troc. Cette illustration, issue du Codex florentino, un ancien livre mexicain peint, montre des marchands et certains de leurs produits employés pour le troc: bijoux, poteries, plumes et une peau de jaguar. Ils échangeaient également des capes ou des voiles.

Les habitants de l'ancienne Egypte n'employaient pas de monnaies mais pratiquaient le troc. Ils se servaient toutefois d'anneaux en guise d'argent. Cette scène provenant d'une tombe égyptienne montre le pesage d'anneaux (en haut à gauche).

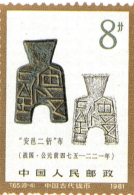

En 1981 et 1982, la Chine a édité des timbres-poste représentant de nombreux objets de troc : couteaux, pelles, coquilles de porcelaine. La forme de ces objets a été reproduite sur des pièces de bronze frappées, c'est-à-dire fabriquées, en Chine avant 221 avant J.-C. Leur valeur était généralement fonction de leur poids et la plupart d'entre elles portaient le nom de la ville ou de l'Etat émetteur. Leur valeur n'y était inscrite qu'occasionnellement. Les monnaies en forme de couteaux et de houes furent réintroduites pendant une courte période (7 à 23 après J.-C.), mais leur valeur n'était alors plus déterminée par leur poids.

TOUT MANHATTAN POUR 24 DOLLARS

Les Indiens d'Amérique du Nord employaient des wampums (objets décoratifs en coquillages), des perles ou des plumes pour le troc. En 1626, des chefs indiens échangèrent l'île de Manhattan - sur laquelle se situe aujourd'hui New York! - pour 24 dollars de colliers et autres colifichets fournis pas un Hollandais, Peter Minuit. Il s'agit de la plus juteuse affaire de troc jamais réalisée, puisque New York est devenue par la suite une ville très prospère.

Un étrange argent

Les premières sociétés ont rapidement mis au point des règles strictes régissant l'échange de biens. Progressivement, certains articles se sont vu conférer une valeur standard, par rapport à laquelle tous les autres objets étaient évalués. Dans de nombreuses parties du monde, les métaux devinrent une forme de paiement reconnue. En Mésopotamie (aujourd'hui dans le Sud irakien), on recourait à des quantités de métal pesées, tandis qu'en Chine on employait de petites pièces de bronze, reprenant la forme des objets qu'elles représentaient.

Certains articles de troc peuvent aujourd'hui nous sembler étranges. Ainsi, les habitants de l'île de Tristan da Cunha (océan Atlantique) utilisaient à une époque des pommes de terre comme monnaie d'échange, cependant que les Chinois et les Tibétains se servaient de briques constituées de thé séché et compressé. Les perles, coquillages et plumes étaient également d'usage courant. Ces objets si différents présentaient toutefois un aspect commun : ils étaient tous reconnus comme un moyen de paiement fiable par les personnes qui les utilisaient.

LES PREMIERES MONNAIES

La Grèce antique a été à l'origine d'un nombre si important de nos idées modernes en matière d'art, de science ou d'architecture qu'il n'est pas étonnant de découvrir qu'elle a aussi inventé la monnaie. Cet événement s'est déroulé vers 650 avant J.-C., dans les implantations grecques de Lydie, à l'ouest de l'actuelle Turquie. Les archéologues y ont découvert plusieurs pièces dans des villes grecques côtières, comme Ephèse.

Une garantie de valeur

Ces pièces ne ressemblaient pas du tout à celles que nous connaissons aujourd'hui. Il s'agissait de gouttes d'électrum, un alliage naturel d'or et d'argent, de forme ovoïde. L'une des faces comprenait des lignes grattées indiquant le poids et par conséquent la valeur de la pièce, tandis que l'autre comportait une marque simple, frappée dans le métal. Celle-ci constituait le sceau personnel de la personne ayant garanti le poids de la goutte. L'expression "frapper la monnaie" tire d'ailleurs son nom de ce processus de marquage. L'emploi de ces "pièces" pour le règlement d'achats a immédiatement connu un grand succès.

Argent et or

Quelque cent ans plus tard, les monnaies comportaient des dessins d'animaux, dont la tête de lion qui était le symbole du royaume de Lydie. A cette époque, c'est-à-dire vers 550 avant J.-C., ce pays était dirigé par le roi Crésus, célèbre pour ses fabuleuses richesses. Ce monarque semble avoir été le premier à créer des pièces d'or et d'argent pur. Très rapidement, des monnaies d'argent ont été employées dans des villes de Turquie et de Grèce. Certaines jolies pièces avec des portraits de rois ou de princes finement réalisés ont même été produites. L'une d'entre elles, le tétradrachme d'argent, frappé par le roi Lysimaque de Thrace en Grèce vers 300 avant J.-C., comportait un portrait d'Alexandre le Grand. Sa facture est d'une qualité telle qu'il est toujours possible de distinguer chaque boucle de la chevelure du grand guerrier.

L'Empire d'Alexandre

Quelques années plus tôt, Alexandre, brillant soldat, avait conquis un énorme empire qui s'étendait jusqu'à l'Inde. Il implanta des officines (petits ateliers chargés de l'émission de pièces) partout sur son vaste territoire et celles-ci frappèrent de grandes quantités de pièces d'or et d'argent. Les motifs représentés étaient souvent empruntés à la mythologie grecque et montraient Zeus, père des dieux, ou Athéna, déesse de la sagesse.

Ces trois pièces proviennent des Etats grecs. Les deux statères du roi Crésus de Lydie (ci-dessus à gauche et à droite) montrent un lion et un taureau détaillés. La pièce ionienne (à gauche) est l'une des plus anciennes connues. Elle est constituée d'électrum, un alliage naturel d'or et d'argent.

Les premières monnaies

Les deux pièces de gauche montrent Alexandre le Grand et Cléopâtre VII d'Egypte. Quel est leur rapport ? La pièce alexandrine a été frappée vers 310 avant J.-C. par Ptolémée Ier qui érigea un royaume en Egypte. Cléopâtre, qui figure sur une pièce frappée vers 50 avant J.-C., fut la dernière reine de la dynastie des Ptolémée.

A la mort d'Alexandre en 323 avant J.-C., ses généraux morcelèrent son empire et s'érigèrent en rois. Ils frappèrent leur propre monnaie avec leurs propres portraits. La Grèce fut ensuite conquise par les Romains au IIe siècle avant J.-C. et elle se vit attribuer un nouveau numéraire. Les monnaies créées s'appelaient des *aurei* ou des *denarii* (deniers). Il s'agissait de pièces de bronze employées pour payer les soldats de l'armée d'occupation.

Cette très ancienne monnaie du royaume de l'île d'Egine est l'une des pièces dite "tortue". La tortue marine figurant sur celle-ci était le symbole d'Egine, important centre commercial aux VIe et VIIe siècles avant J.-C. Par la suite, les "tortues" ont circulé dans de nombreux comptoirs grecs établis sur le pourtour de la Méditerranée.

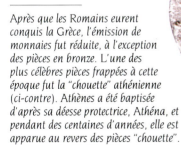

Après que les Romains eurent conquis la Grèce, l'émission de monnaies fut réduite, à l'exception des pièces en bronze. L'une des plus célèbres pièces frappées à cette époque fut la "chouette" athénienne (ci-contre). Athènes a été baptisée d'après sa déesse protectrice, Athéna, et pendant des centaines d'années, elle est apparue au revers des pièces "chouette".
Les monnaies "Athéna/chouette" furent les premières à disposer d'un sujet reconnaissable à la fois sur le "droit" et le "revers" (les deux faces d'une pièce).

LES ROMAINS

Divers empires se sont succédé en Europe au cours des siècles, mais aucun n'a été si vaste ni n'a perduré aussi longtemps que l'Empire romain. A son apogée, c'est-à-dire voici 1800 ans environ, celui-ci s'étendait de la Grande-Bretagne au nord-ouest aux déserts d'Arabie au sud-est. Il recouvrait la moitié de l'Europe occidentale et une partie de l'Afrique du Nord.

Vestiges romains

Certaines parties de cet énorme empire ont persisté jusqu'en 1453, date à laquelle l'Empire romain d'Orient, plus connu sous le nom d'Empire byzantin, fut conquis par les Turcs. Des vestiges de cette civilisation romaine sont toujours visibles partout dans cette énorme région. Les archéologues ont en effet découvert des temples, des bains publics, des routes et même des villes entières où les Romains vécurent jadis. Ils ont également trouvé des monnaies romaines isolées, par groupes de deux ou par trésors entiers quelquefois. En effet, les hommes d'alors enterraient souvent des amas de pièces en cas de troubles ou de guerre, mais certains ne sont jamais revenus les chercher (voir pages 58-61).

La première officine

Paradoxalement, alors que les Romains avaient élaboré une société très organisée, ils ont attendu longtemps avant de commencer à battre monnaie. Ainsi, ce n'est pas avant 269 avant J.-C. que la première officine destinée à la production de pièces en or, argent et bronze a été mise sur pied à Rome. Avant cela, les Romains avaient employé des morceaux de bronze, puis des barres ou des lingots en tant qu'argent. En 269 avant J.-C., cette officine a donc commencé à frapper de gros disques de bronze, comme l'as qui pesait près de 450 grammes. Parallèlement, l'officine émettait des pièces d'argent très semblables aux pièces grecques, dont elles reprenaient même le nom : la drachme.

Voici un denier d'argent frappé à Rome en 211 avant J.-C. Le denier a été émis pour la première fois vers 212 avant J.-C., à l'époque de la république romaine. Le "X" derrière la tête casquée indique une valeur de 10 as. Le denier a donné son nom aux dinars utilisés en Yougoslavie et également aux deniers de l'Empire franc de France et d'Allemagne, dirigé par Charlemagne il y a plus de mille ans. Bien plus tard, le penny prédécimal britannique était symbolisé par un "d", d'après le denier.

EMPEREURS ROMAINS

La tête des empereurs figurait sur les pièces romaines. Leurs titres, souvent sous forme abrégée, permettent de les identifier. IMP signifie Imperator ou empereur, tandis que PP correspond à Parent ou père du peuple.

Un dupondius d'Hadrien, 117-138 après J.-C.

Un sesterce de Néron, 54-68 après J.-C.

Un as de Claude, 41-54 après J.-C.

Un sesterce de Caracalla, 211-217 après J.-C.

Les Romains

Monnaies romaines

Progressivement, de nombreuses pièces romaines célèbres ont été introduites. Parmi celles-ci, on trouve le denier d'argent (211 avant J.-C.), l'aureus d'or introduit par le premier empereur romain, Auguste, qui régna de 27 avant J.-C. à 14 après J.C., l'antoninianus (214 après J.-C.), le follis (295 après J.-C.) et le solidus (sou) d'or (315 après J.-C.). Les premières monnaies romaines portaient souvent le nom des familles ou les symboles des responsables qui les émettaient ainsi que le portrait de dieux ou de déesses romaines. Par la suite, de puissants hommes politiques ou généraux ont frappé leurs propres pièces. Cependant, une fois que les empereurs arrivèrent au pouvoir, seuls leur famille et eux-mêmes furent habilités à battre monnaie.

INFLUENCE ROMAINE

Les motifs romains ont influencé ceux d'autres pièces bien des siècles plus tard. Ainsi, la pièce américaine, frappée plus de 1800 ans après le dupondius en cuivre, porte le même aigle au revers.

A partir du moment où l'Empire romain est devenu chrétien au IVᵉ siècle après J.-C., le symbole chrétien "Chi-Ro" est apparu au revers des pièces romaines (ci-contre). Le "X" correspond au "CH" grec, tandis que le "P" se rapporte au "R". "CHR" sont les trois premières lettres de "Christ".

Vous n'aurez peut-être pas les moyens d'acquérir de nombreuses monnaies anciennes, car la plupart d'entre elles sont rares et chères et sont conservées dans des musées, mais certaines sociétés réalisent des reproductions (ci-dessous), c'est-à-dire des copies détaillées de monnaies anciennes susceptibles d'intéresser les amateurs.
Les reproductions présentent généralement un aspect neuf et brillant.

PREMIERES DATES

Le plus célèbre de tous les Romains, Jules César, faisait inscrire son âge - LII ou 52 ans - sur les pièces d'or et d'argent qu'il avait frappées après la conquête de la Gaule. Ces pièces sont ainsi parmi les premières à porter une inscription s'apparentant à une date. César étant né en 100 avant J.-C., cette pièce date donc de 48 ou 47 avant J.-C.

As d'Antonin le Pieux

Follis de Constantin Iᵉʳ

Dupondius de Néron

Sesterce de Vespasien

QUE MONTRENT-ELLES ?

Les pièces et billets ne constituent pas uniquement des moyens de paiement. A l'instar des timbres-poste, les pièces sont utilisées comme une forme de publicité. Un pays peut ainsi faire figurer sur les pièces qu'il émet ses personnalités célèbres, ses réalisations, sa faune et sa flore, voire ses paysages ou sa campagne.

Une mine d'informations

Une pièce ou un billet, même de taille réduite, doit comporter une grande quantité d'informations. Ainsi, une pièce moderne peut porter le nom du pays qui l'a émise, sa valeur, son unité monétaire, ainsi que sa date d'émission. S'il s'agit d'une médaille (voir page 42), le nom de la personne ou de l'événement concerné doit également y figurer.

CORDONNETS ET TRANCHES

Le cordonnet d'une pièce est un bourrelet métallique circulaire formant le bord de la pièce. De nombreuses monnaies présentent une décoration finement réalisée (généralement des dents ou des perles) juste à l'intérieur du cordonnet. Cette pratique est censée dissuader quiconque voudrait gratter du métal de la circonférence des pièces en vue de fabriquer sa propre monnaie.

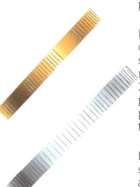

La tranche est la surface circulaire déterminée par l'épaisseur de la pièce. Les premières monnaies frappées (voir pages 28-29) présentaient une tranche plane. Les pièces plus récentes possèdent généralement une tranche cannelée.

Les inscriptions ou les motifs symboliques constituent une autre forme de tranche et se sont avérés très populaires. La plupart de pièces ne présentent cependant ni cannelure ni inscription sur leur tranche. De même, les inscriptions sont rares sur les pièces non circulaires.

Sur le droit de cette pièce américaine d'un dollar (à l'extrême gauche) figure la tête de la Liberté, la date d'émission, la devise : "Ex Pluribus Unum" ("De plusieurs un seul") ainsi que 13 étoiles, correspondant aux 13 Etats originaux des Etats-Unis d'Amérique. Quant au dollar canadien (ci-contre), il emploie de manière très judicieuse le mot fleuve à deux reprises dans le titre de la pièce, puisque le Canada a deux langues nationales : l'anglais et le français ("River" est un équivalent anglais de "fleuve").

Cette pièce danoise de 25 øre, frappée en 1984, présente un motif très simple. Le droit vous informe sur le monarque régnant à l'époque de l'émission : le monogramme (lettres symboliques) M2R chapeauté par la couronne correspond à la reine Margareth II. Quant au revers, il indique le nom du pays et la valeur de la pièce.

Que montrent-elles?

Un travail d'art

Les monnaies et billets sont bien davantage que de simples fragments de métal ou feuilles de papier comportant des informations. En fait, leur réalisation requiert un grand talent et un profond sens artistique. Ils comprennent en effet des images finement réalisées: portraits, motifs, armoiries et quelquefois images détaillées de scènes urbaines ou sportives. Les dessinateurs de pièces ne peuvent toutefois employer la totalité de la surface de celles-ci, car des espaces doivent être ménagés afin que l'image soit claire et que la pièce ne semble pas surchargée. Le dessin, appelé sujet, doit également se situer à une certaine distance du bord de la pièce, afin de préserver un espace suffisant pour les inscriptions ou titres (légende), tel le nom du chef de l'Etat.

L'une des premières initiatives prises par un pays nouvellement indépendant concerne l'émission de monnaies, de billets de banque et de timbres-poste. En 1961, une province de la république du Congo s'est proclamée république indépendante du Katanga. Ce billet de 100 francs a été imprimé en 1962, dernière année d'existence de l'éphémère Katanga indépendant, devenu aujourd'hui province du Shaba, au sud-est du Zaïre.

MARQUES D'ATELIER

De nombreuses pièces, surtout celles provenant des Etats-Unis, comportent une marque d'atelier. Il s'agit d'un symbole généralement composé d'une ou de plusieurs lettres, désignant l'atelier dans lequel la pièce a été coulée ou frappée. Il faut souvent être très vigilant pour découvrir ces marques, car elles ne sont pas évidentes à déceler au premier coup d'œil.

La marque d'atelier "M" sur cette pièce italienne en or de 40 lires indique que celle-ci a été émise à Milan, en Italie du Nord.

FASCINANTS BILLETS

Les billets de banque contiennent plus d'informations que les pièces ou les timbres, de format bien inférieur. Un billet vous permet de connaître son pays d'origine, son année et même sa date précise d'impression, le nom des banques émettrices, la valeur du billet ainsi que son numéro de série. Voici le recto et le verso d'un billet de 100 francs émis par les Etats de l'Afrique de l'Ouest, comprenant aujourd'hui huit pays indépendants.

LA FABRICATION DES MONNAIES

La réalisation du dessin par un artiste constitue la première étape de la fabrication des pièces modernes. Une fois le dessin approuvé, il est transmis à un sculpteur qui réalise un grand modèle en argile de la pièce. Des empreintes en plâtre sont ensuite tirées de ce moule et certains détails fins sont parfois ajoutés au sujet à l'aide de petites fraises identiques à celles du dentiste.

Un atelier monétaire voici 500 ans environ (ci-dessus). L'ouvrier au milieu de l'illustration martèle une feuille de métal, tandis que celui de gauche découpe cette feuille en pièces à la cisaille et que le monnayeur frappe les pièces sur une enclume monétaire à l'aide d'un marteau et d'un trousseau. Le monétaire (maître de l'atelier) se trouve à l'arrière-plan. La balance visible sur sa droite permettait de vérifier le poids des pièces obtenues.

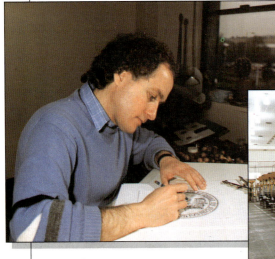

Artiste réalisant le dessin d'une pièce (ci-dessus). Le format de celui-ci est bien supérieur à la taille réelle de la pièce.

Les pièces sont régulièrement contrôlées de manière à garantir une qualité de production élevée (à gauche). Des essais de matrice (ci-dessous) sont réalisés sur des chutes de métal avant la frappe proprement dite. Les sujets ci-dessous ont fait l'objet d'essais de matrice mais n'ont jamais été imprimés sur des pièces, si bien qu'il s'agit de spécimens extrêmement rares.

Moules et matrices

Les empreintes en plâtre terminées sont placées dans un moule en nickel. Les grandes images des pièces sont ensuite transférées à l'aide d'un couteau en acier sur une matrice dont le format correspond à la taille réelle de la pièce, puis les dessins passent sur une matrice de travail. Celle-ci doit être très dure et ne pas s'altérer avec le temps, car c'est sur elle que seront frappées les pièces réelles. Elle subit d'ailleurs un traitement chimique et thermique pour renforcer l'acier qui la compose. La matrice est ensuite nettoyée et peut également être polie à la poussière de diamant. Une matrice type doit pouvoir supporter la frappe de 200 000 pièces minimum.

La fabrication des monnaies

MÉTAUX

Presque toutes les monnaies sont composées de métal. Celui-ci est choisi en fonction d'exigences spécifiques. Ainsi, les métaux bon marché sont utilisés pour les pièces de faible valeur, alors que les métaux résistant à l'usure sont requis pour les pièces appelées à être fréquemment manipulées. Les premières monnaies étaient réalisées en or et en argent, deux métaux qui présentent cependant un inconvénient majeur : leur tendreté. Le cuivre a été utilisé pour de nombreuses pièces de faible valeur. Le nickel, le zinc, l'étain et l'aluminium ont également été employés séparément, mais ils s'avèrent plus avantageux sous forme d'alliages, car ceux-ci résistent mieux à l'usure, à l'encrassement et à la corrosion que les métaux purs. Des pièces en acier ou en fer ont également circulé, surtout au XIXe siècle en Afrique.

Schilling autrichien de 1947, aluminium.

Cinq øres danois de 1959, zinc.

Cent lires italiennes de 1973, acier inoxydable.

Pièce malaysienne, étain.

Cinq roubles d'URSS, anneau extérieur en cupro-nickel et partie centrale en cuivre.

Frappe ultra-rapide

Dans la fabrication actuelle des pièces, les flans sont chargés automatiquement dans une presse ultra-rapide, puis sont frappés afin que les images des matrices s'impriment de chaque côté. A l'intérieur de la presse, le collier maintenant le flan en place peut être lisse ou cannelé, ce qui produira une tranche lisse ou cannelée sur la pièce.

Les essais monétaires sont des pièces d'un niveau de qualité bien supérieur à celui des exemplaires destinés à la circulation courante. Les flans spécialement préparés à cet effet sont frappés à deux reprises à l'aide de matrices de qualité supérieure. De nombreux ateliers produisent des pièces de "type essai monétaire" qui ne sont pas du niveau des essais réels - veillez à ne pas confondre les deux !

L'homme et la machine

Jusqu'à un passé récent, les hommes ont toujours fabriqué les pièces à la manière "dure", c'est-à-dire à la main. Les plus anciennes monnaies romaines étaient "coulées", par versage d'un métal en fusion dans des moules. La même technique était appliquée en Chine, au Japon et en Corée, où des pièces coulées étaient toujours fabriquées en 1891. En Europe toutefois, les pièces étaient produites par "martelage". Une feuille de métal était aplanie au marteau, puis des "flans" circulaires étaient découpés dans celle-ci. Après avoir été ébarbé et limé, le flan était posé sur la matrice et l'ouvrier donnait un coup de marteau, afin d'imprimer le motif de celle-ci sur la future pièce.

L'enclume monétaire (ci-dessous) maintenait la matrice du droit, tandis que le trousseau (à droite) comportait la matrice du revers. On plaçait un flan entre ces deux matrices, si bien que le coup de marteau donné permettait d'imprimer simultanément les sujets du droit et du revers.

Ce kobang japonais en or (à droite) date de 1860. Après coulage de la pièce qui est en réalité une fine plaque de métal de grande dimension, on frappait quatre motifs sur celle-ci. Les caractères japonais peints à l'encre de Chine constituent la marque d'atelier.

LE PAPIER-MONNAIE

Les billets de banque sont utilisés en remplacement des pièces ou en complément de celles-ci pour acheter des objets.
La valeur des billets est généralement supérieure à celle des pièces, comme le billet de 200 francs en France ou de 100 dollars en Australie. Etant donné leur faible poids, les billets sont beaucoup plus faciles à transporter qu'une somme équivalente en pièces.

Les premiers billets de banque

Les Chinois ont été le premier peuple connu pour avoir employé des billets de banque. Au lieu de transporter de lourds sacs de pièces, les habitants de ce pays ont commencé à confier leur argent à des marchands en échange d'un reçu, puis une autre personne eut l'idée de payer des marchandises avec ces reçus au lieu de les régler avec des pièces. Bien que ces reçus ne fussent que des morceaux de papier, ils représentaient un argent réel détenu par un marchand. L'impression de ces reçus fut rapidement prise en charge par le gouvernement qui, pour simplifier le système, leur attribua des valeurs fixes.
Les premiers billets remontent à 860 avant J.-C., bien que certains collectionneurs estiment qu'il en existait déjà en Chine 200 ans plus tôt environ.
Toutefois, les plus célèbres des anciens billets de banque chinois furent imprimés beaucoup plus tard, c'est-à-dire entre 1368 et 1399, époque à laquelle l'Empire du Milieu était dirigé par les empereurs de la dynastie Ming. Les billets Ming étaient imprimés sur de l'écorce de mûrier. Ils comportaient un avertissement spécifiant que toute personne qui tenterait de réaliser des faux serait décapitée.

Premiers problèmes

Les billets de l'époque Ming n'ont pas rencontré un grand succès. En période de guerre ou lorsque l'inflation provoquait une forte augmentation des prix, ils perdaient toute valeur car les gens n'accordaient plus leur confiance à ce moyen de paiement. Ils préféraient nettement disposer d'espèces sonnantes et trébuchantes. C'est la raison pour laquelle les premiers billets de banque ont été abolis et leur utilisation interdite.

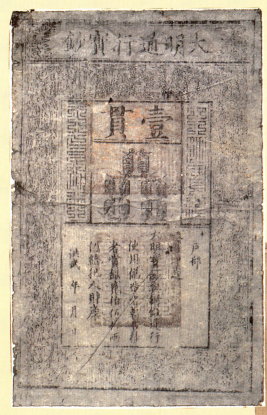

Les premiers billets de banque (à gauche) étaient chinois. Ils étaient imprimés sur de l'écorce de mûrier. Le 100 srangs tibétain (ci-dessous) a été imprimé pratiquement 600 ans plus tard, soit entre 1947 et 1950. Vous constaterez cependant que les apparences des deux billets sont très semblables. Le spécimen tibétain a été imprimé sur du papier de riz réalisé à partir d'écorce.

Le papier-monnaie

Les billets de banque sont des billets à ordre, c'est-à-dire qu'ils constituent une "promesse de paiement" d'argent réel au porteur dudit billet. Ce billet australien de 1905 (à gauche) porte l'inscription suivante : "Nous (la banque) promettons de payer la somme de 50 livres à la demande du porteur."

Ce billet de 100 dalers de 1666 (à gauche) fut l'un des premiers billets européens. Il était émis par la Banco suédoise de Stockholm.

Quand un timbre-poste n'est-il pas un timbre-poste ? Réponse : lorsqu'il s'agit d'un billet de banque.
Ce timbre de la Compagnie britannique d'Afrique du Sud fut imprimé sur du carton et employé en Rhodésie, en Afrique. Ces "billets de banque" sont appelés les Marshall Hole d'après la signature figurant sur leur verso.

Les billets perdaient également toute valeur si les banques ne conservaient pas suffisamment de pièces pour le cas où les détenteurs de ces billets souhaiteraient les convertir en espèces sonnantes et trébuchantes, comme ils étaient en droit de le faire. Dès lors, une perte de confiance dans les banques causait un afflux de personnes souhaitant échanger leurs billets contre des pièces et ce phénomène a causé la ruine de certaines d'entre elles. Ainsi, la Banque de Stockholm en Suède fut la première banque européenne à imprimer des billets en 1661. Malheureusement, ceux-ci n'ont pas été garantis par le gouvernement, si bien que la banque a dû fermer ses portes quelques années plus tard.

La première banque européenne à produire des billets de manière permanente et spécifique fut la Banque d'Angleterre, créée en 1694 dans le but de lever des fonds pour une guerre. En l'espace de quatre jours seulement, de riches marchands et d'autres personnes avaient souscrit, c'est-à-dire prêté, 100 000 livres à la banque. Ils reçurent en retour des "billets de banque" manuscrits, représentant l'argent qu'ils avaient versé à la banque.

En 1790, l'Assemblée nationale française a imprimé du papier-monnaie appelé des assignats (ci-dessus). Imprimés en trop grand nombre, ils perdirent rapidement une grande partie de leur valeur. Les dessins des billets de banque (ci-dessous) ne correspondent pas toujours à ce qu'ils sont censés représenter. En effet, si vous tournez ce billet allemand vers la gauche, puis que vous placez votre doigt sur le visage de l'homme, vous découvrez un vampire !

Le billet ci-dessous, émis par l'Etat du Michigan aux Etats-Unis, n'a jamais été imprimé - cette banque fusionna en effet avec une autre en 1864.

LA FABRICATION DES BILLETS DE BANQUE

Contrairement aux monnaies, les billets de banque modernes ont une durée de vie s'exprimant en mois et non en années. De nombreux pays impriment des millions de billets chaque jour, afin de remplacer ceux qui sont trop usés ou trop sales pour être utilisés. La conception et l'impression de ce papier-monnaie est un processus fascinant qui combine savoir-faire traditionnel et haute technologie. La totalité de ce travail doit être exécutée dans le plus grand secret et avec une sécurité maximale, de manière à éviter la contrefaçon.

Le sujet

Les artistes et dessinateurs travaillent en permanence sur la production de nouveaux motifs et caractéristiques pour les billets de demain. Une fois décidé la nécessité de créer un nouveau billet, un sujet est sélectionné parmi les avant-projets créés par les artistes. Ces premiers croquis sont généralement réalisés à l'encre et au crayon traditionnels. Au fur et à mesure de la progression du travail, on recourt à un équipement de CAO (conception assistée par ordinateur) pour dessiner les images complexes qui seront employées sur le futur billet.

Le travail du graveur

L'illustration principale du dessin est toujours gravée à la main à l'aide d'outils très fins, de loupes et autres microscopes puissants. Le graveur trace le sujet à l'envers dans la surface d'impression, en l'occurrence une plaque métallique. Les profondeurs de découpe de la gravure doivent être incroyablement précises, et c'est la raison pour laquelle la réalisation d'une seule image peut prendre des mois.

Méthodes d'impression

Plusieurs procédés d'impression entrent dans la fabrication des billets de banque. L'image principale de la plaque gravée est tout d'abord réalisée par la méthode dite d'impression en taille-douce. Celle-ci produit un revêtement d'encre épais, mais elle est onéreuse et ne peut être employée pour la production d'un dessin multicolore. Généralement, le motif compliqué de l'arrière-plan du sujet est réalisé par lithographie, un processus chimique destiné à transférer le dessin sur un cylindre ou une plaque d'impression. La lithographie peut être employée pour la création d'une image multicolore, mais requiert une plaque spécifique pour chaque couleur.

Les billets de banque doivent résister à l'usure et procurer une sensation de craquement agréable. C'est pourquoi on emploie un papier filigrané spécial fabriqué à partir de fibres de coton. De même, les encres d'impression doivent être soigneusement sélectionnées : elles présentent en effet des caractéristiques de sécurité destinées à empêcher toute copie illégale et sont donc très chères.

Une feuille de billets de banque avec la plaque d'impression en taille-douce gravée (à gauche) et quelques outils de gravure (à droite).

La fabrication des billets de banque

Numérotation et contrôle

La dernière étape du processus d'impression consiste à numéroter les billets de banque. Chaque billet dispose d'un numéro spécifique, ce qui nécessite l'emploi d'une machine spéciale pour cette phase du traitement. La méthode employée est dite d'impression en relief. Les signatures existant sur les billets sont quelquefois imprimées de cette manière également.

Les billets de banque sont imprimés sur de grandes feuilles ou sur un rouleau continu, séparé par la suite en feuilles. Avant d'être découpée en billets individuels, chaque feuille est vérifiée de visu pour la détection d'éventuels défauts. Une machine ne serait pas capable d'effectuer ce travail, qui demande par ailleurs énormément de temps. Seul un être humain est à même de le réaliser.

La protection contre la contrefaçon est un aspect très important de la réalisation de billets comme celui-ci qui vient du Mozambique. L'un des composants les plus difficiles à copier est le fil de sécurité qui traverse chaque billet de banque. Le billet présente d'autres caractéristiques de protection, tels le filigrane, la signature du gouverneur de la banque et le numéro de série. En outre, les motifs géométriques compliqués, réalisés aujourd'hui à l'aide d'équipements de CAO, sont difficiles à reproduire.

Une fois le dessin imprimé, un numéro de série unique est attribué à chaque billet de banque grâce à des boîtes de numérotation spéciales montées sur une machine d'impression séparée, capable de traiter jusqu'à 10 000 feuilles (comprenant généralement 32 billets de banque) à l'heure. Ces feuilles sont ensuite vérifiées et les billets imparfaits sont repérés puis remplacés ultérieurement. Enfin, les feuilles sont découpées en billets individuels, empilés ensuite par ordre de numéro de série.

METHODES D'IMPRESSION

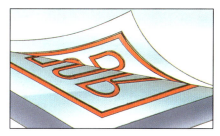

TAILLE-DOUCE
Cette méthode prévoit la découpe du dessin dans la surface d'impression. Celle-ci est ensuite encrée et essuyée de manière à ne laisser de l'encre que dans les lignes tracées par le graveur. Le papier est ensuite posé sur la plaque et soumis à une pression afin d'aspirer l'encre du dessin.

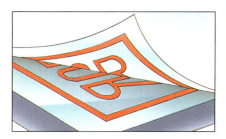

LITHOGRAPHIE
La lithographie recourt à une substance graisseuse permettant de transférer le dessin sur la surface d'impression. La surface est ensuite humidifiée et l'encre appliquée. Etant donné que l'huile et l'eau ne se mélangent pas, l'encre colle uniquement sur les parties graisseuses de la surface, qui appliquent ensuite l'encre sur le papier. Pour les billets de banque, on emploie une variante de la méthode appelée lithographie offset. Le dessin est tout d'abord transféré sur un "blanchet" en caoutchouc qui réalise ensuite l'impression sur le papier.

IMPRESSION EN RELIEF
En mode d'impression en relief, le dessin est gravé, mais les zones qui ne doivent pas être imprimées sont éliminées de la surface d'impression. L'encre est appliquée sur la surface en relief du dessin et est ensuite transférée directement sur le papier.

COMMENT PRESERVER VOTRE COLLECTION

Vous comprendrez à quel point une collection a besoin d'être protégée en observant les pièces ou billets sales et endommagés que les marchands vendent très bon marché. Nombre de ces pièces ou billets coûteraient beaucoup plus cher s'ils étaient en bon état. Bien sûr, il vous arrivera d'acheter des vieilles pièces usées ou griffées, parce que vous les trouvez particulièrement intéressantes ou que des exemplaires en meilleur état de conservation sont trop onéreux. Même si c'est le cas, vous devrez traiter ces pièces de la même manière que des neuves, afin d'éviter qu'elles ne s'abîment encore davantage.

Albums

Les pièces et billets doivent être conservés dans des albums appropriés, de la meilleure qualité que vous puissiez vous offrir. Ceux-ci contiennent des pages en plastique composées de pochettes pour chaque pièce ou billet, permettant d'observer ceux-ci des deux côtés sans avoir à les sortir. Choisissez un album pour pièces disposant d'un nombre important d'anneaux centraux qui soutiendront le poids des pièces, car une page remplie peut s'avérer extrêmement lourde. Etant donné que les pièces existent dans de nombreuses tailles et formes, vous devez vous assurer que vos pochettes plastiques seront à même de les accueillir toutes.

De temps à autre, il convient de déplacer les pièces à l'intérieur des pochettes que vous voyez dans cet album, car cela permet d'éviter qu'elles ne collent au plastique.

Les enveloppes en papier constituent une méthode bon marché pour protéger les pièces. Elles ne durent pas aussi longtemps que les pochettes plastiques et ne constituent pas une méthode d'exposition aussi intéressante. Elles permettent toutefois l'inscription de quelques informations sur leurs coins.

LE TRUC DU COLLECTIONNEUR

Stockez votre collection dans un endroit frais, sec et sombre. L'humidité peut en effet gravement endommager les monnaies et billets, tandis qu'une forte lumière du soleil fera pâlir les billets.

Ecrins

Certains collectionneurs et marchands ne stockent pas leurs pièces ou billets sous plastique. Ils estiment qu'au bout d'un certain temps, certains types de plastique provoquent des taches ou d'autres dommages sur les objets collectionnés et ils préfèrent dès lors conserver leurs collections dans des écrins appropriés, comprenant des tiroirs recouverts d'un matériau de type velours.

Les pièces prennent une apparence splendide lorsqu'elles sont exposées dans des écrins. La couleur des tiroirs permet de les mettre parfaitement en valeur.

Voici un album à billets de banque approprié. Abandonnez l'idée de classer vos billets dans des albums pour timbres-poste ou pour photos, car les feuilles de papier pourraient endommager votre collection.

Si vos pièces sont rangées dans un écrin, vous pouvez leur assurer une protection supplémentaire en les enfermant dans des capsules individuelles. Celles-ci vous permettent de manipuler les pièces sans avoir à les toucher réellement.

PIECES SALES

Certains experts estiment que les pièces ne devraient jamais être nettoyées. D'autres pensent qu'ils peuvent le faire, mais utilisent uniquement des produits chimiques spéciaux et non des produits de nettoyage ou de polissage domestiques ou autres qui seraient susceptibles d'endommager la pièce.

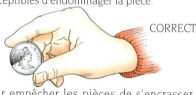

CORRECT

Pour empêcher les pièces de s'encrasser encore davantage, vous devez uniquement les saisir avec des mains propres et sèches. Vous devez les maintenir par la tranche entre le pouce et l'index.

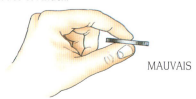

MAUVAIS

Ne touchez jamais les faces d'une pièce surtout s'il s'agit d'un essai monétaire ! En effet, la sueur de vos mains est légèrement acide et laissera une trace de doigt que vous ne parviendrez plus jamais à éliminer.

Consignation

Vous devez tenir un registre de votre collection, qui permettra à vos amis d'apprécier votre "trésor". Associez une histoire aux pièces et billets que vous avez rassemblés. En fait, une personne qui voit votre collection pour la première fois devrait pouvoir comprendre immédiatement ce dont il s'agit exactement. Lorsque vous consignez ces informations, vous devez uniquement inclure des données simples permettant l'identification ainsi que des renseignements supplémentaires que le billet ou la pièce ne permettent pas de deviner à première vue. L'élaboration d'une liste des prix que vous avez payés pour ces articles ainsi que des endroits où vous les avez obtenus peut s'avérer extrêmement intéressante, surtout lorsque vous prendrez une assurance.

ANTILLES

La mer des Antilles (ou mer des Caraïbes) et ses nombreuses îles, proches du continent américain, ont connu une histoire très mouvementée depuis 1492, date à laquelle Christophe Colomb a exploré cette région au cours de son premier voyage vers les Amériques. Espagnols, Français, Britanniques et Hollandais se sont battus dans cette zone pour la possession de diverses îles. Certaines d'entre elles, telle Sainte-Lucie, ont été conquises et perdues par les uns et les autres à plusieurs reprises.

Pillards et négriers

C'est également dans cette région que les pirates et les corsaires ont razzié des implantations pour emporter trésors, butins et autres prisonniers. En outre, les Antilles ont vu débarquer des milliers d'esclaves, capturés en Afrique et amenés sur place pour travailler dans les grandes plantations de sucre de canne et autres.

Cette histoire très riche se reflète dans les pièces et billets de la région. Ainsi, un penny en cuivre des Barbades coulé en 1788 porte une tête d'Africain sur le droit. De même, un demi-penny en cuivre des Bahamas (1506) porte, au revers, un navire de guerre à trois mâts et la devise suivante en latin: "Par l'expulsion des pirates, le commerce est restauré." Le même message apparaît sur un billet de banque de quatre shillings émis par la Banque de Nassau aux Bahamas en 1953.

En 1950, les îles des Antilles sous domination britannique, ainsi que la Guyane britannique (aujourd'hui Guyana), située sur la côte nord de l'Amérique du Sud, se sont unies pour l'utilisation d'une seule et même devise basée sur le dollar. Cette nouvelle devise introduite en 1955 (ci-contre une pièce de 50 cents de 1965) a circulé dans les îles Vierges, la République de Dominique (à ne pas confondre avec la République dominicaine), les Barbades, le Guyana, ainsi qu'à Anguilla, Saint-Kitts-Nevis, Antigua et Barbuda, Trinité et Tobago, Sainte-Lucie, Saint-Vincent et enfin Grenade.

Des monnaies en provenance d'Europe

Une fois les combats pour les îles terminés, Haïti, qui partage la grande île d'Hispaniola avec la République Dominicaine, était aux mains des Français, de même que la Martinique et la Guadeloupe. Quant aux Bahamas et aux Barbades, elles étaient britanniques au même titre que les Bermudes, les îles Vierges, la Jamaïque, Trinité et Antigua. Cuba, Porto Rico et la République Dominicaine appartenaient aux Espagnols, tandis que les Néerlandais possédaient leurs Antilles.

L'introduction des premières pièces dans ces îles sous domination britannique des "Indes occidentales", comme on appelait les Antilles à l'époque, remonte à 1822. Leur valeur

Le billet de deux gourdes (à droite) a été émis un siècle après qu'Haïti eut proclamé son indépendance de la France en 1804. Les monnaies des Bahamas (à gauche) présentent des sujets symbolisant les îles, tel ce coquillage sur un dollar de 1989.

Antilles

A cause d'une pénurie de pièces britanniques, cette pièce espagnole en or de huit escudos représentant le roi Ferdinand VI a reçu la contremarque GR, correspondant au roi George II d'Angleterre. Elle fut utilisée en Jamaïque britannique en 1758.

correspondait à des fractions du 8 réaux en argent espagnol : un seizième, un huitième et un quart. Bien avant cela, plusieurs îles avaient d'ores et déjà procédé au contremarquage de monnaies. Il s'agissait de pièces existantes frappées d'une marque spéciale. La première île à utiliser les contremarques fut la Jamaïque en 1758, puis des îles françaises comme la Martinique et la Guadeloupe ont aussi commencé à créer ce type de monnaie particulier, essentiellement sur la base de pièces espagnoles. Pour obtenir des valeurs inférieures, certaines pièces étaient même découpées en morceaux de taille inférieure, chacun d'entre eux recevant alors une contremarque.

Voici un quart de dollar découpé dans un 8 réaux espagnol coulé vers 1800. On l'appelle "triple mutilation des îles", car il a été fractionné puis contremarqué à trois reprises ! Son revers fut ainsi contremarqué pour être utilisé sur l'île de Saint-Vincent, tandis que son droit, illustré ci-dessus, reçut trois "S" pour l'utilisation à Saint-Kitts et il fut même marqué une nouvelle fois ultérieurement pour être utilisé sur l'île de la Tortue !

L'île de Cuba s'est proclamée indépendante de l'Espagne en 1898, mais les anciens billets de banque espagnols ont continué à avoir cours après cette date. A l'instar de ce billet de 10 pesos de 1896, ils étaient imprimés par la Banque espagnole de l'île de Cuba.

EUROPE

Les Vikings étaient de grands aventuriers de la mer. Dans leurs drakkars, ils ont traversé la mer du Nord et l'océan Atlantique. En 1979, l'île de Man a commémoré les Vikings sur une pièce en argent d'une couronne (ci-dessous). En 1957, l'Islande, colonisée par les Vikings à partir de 874 après JC, a imprimé un billet de cinq couronnes à l'effigie d'un guerrier viking (en bas).

Après la désintégration de l'Empire romain d'Occident (centré autour de Rome) vers 476 après J.-C., la majeure partie de l'Europe devint une région sauvage et dangereuse. Là où les Romains avaient régné et où les gens pouvaient mener une vie paisible et civilisée, les tribus barbares tels les Wisigoths, les Huns ou les Vikings provenant de Scandinavie terrorisaient villes et villages, tuant leurs habitants ou les emmenant comme prisonniers.

Byzance

L'Empire romain d'Orient, s'articulant autour de Byzance, devenue Constantinople (aujourd'hui Istanbul en Turquie), a survécu pendant mille ans encore. Les Byzantins - c'était le nom de ce peuple - ont continué à appliquer le mode de vie romain : ses villes, ses arts, son commerce- et ses pièces. Byzance était également dirigée par des empereurs et l'un d'entre eux, Justinien Ier, fut l'un des premiers à appliquer une date sur ses pièces, soit 526 après J.-C., année du début de son règne.

Le besant

Les Byzantins ont frappé des pièces en argent, en or et en cuivre, dont bon nombre présentaient une curieuse forme de soucoupe. La plus importante fut le besant d'or, largement utilisé en Europe et dans certaines régions de ce qu'il est convenu d'appeler aujourd'hui le Proche-Orient. Le besant a exercé une grande influence sur les pièces européennes de cette époque. En effet, même les Barbares avaient besoin d'argent et pendant longtemps, ils ont copié les pièces romaines et byzantines. A l'instar des empereurs romains, les chefs barbares faisaient figurer leur propre portrait sur leurs pièces, accompagné d'inscriptions de style romain.

Un solidus (sou) d'or coulé à Byzance : le droit représente l'empereur Léon VI (886-912 après J.-C.), tandis que le revers montre celui-ci aux côtés d'un autre empereur romain, Constantin VII.
Les doubles portraits d'empereurs ou les portraits d'un empereur et de son épouse ont perduré sur les pièces byzantines pendant plus de 300 ans.

Europe

Voici un thrymsa d'or coulé au VIIe siècle après J.-C. dans le royaume du Kent, dans le sud-est de l'Angleterre. Comparez-le avec la pièce byzantine pour voir comment le dessin du double empereur a été copié.

Denier d'argent d'un roi français du IXe siècle, Charles le Chauve, qui fut également saint empereur romain. Le denier doit son nom au denarius romain.

À l'instar du denier français (à droite), ces pièces européennes portent la croix de la chrétienté. La pièce ci-dessous est d'origine belge et date du IXe siècle, tandis que la pièce en bas date du XVe siècle et vient d'Irlande. Les missionnaires ont voyagé dans toute l'Europe pour convertir les hommes à la chrétienté au cours des siècles qui ont suivi la fin de l'Empire romain d'Occident.

Le moyen-âge

Petit à petit, les Barbares se sont sédentarisés pour commencer à former les régions et pays d'Europe que nous connaissons aujourd'hui. Ils ont cependant conservé leurs numéraires de style romain. En France par exemple, les monarques mérovingiens ont introduit le denier en argent, inspiré du denarius romain. De jolies pièces d'or et d'argent ont été frappées en Italie qui, à l'époque, était divisée en de nombreux petits Etats. Le pape Adrien Ier, qui régnait sur les territoires environnant Rome, appelés par la suite les Etats pontificaux, a frappé les premières pièces papales vers la fin du VIIIe siècle. Les papes suivants ont eu recours aux services des plus grands sculpteurs et médaillistes pour la production de ducats et de sequins de belle facture. En Allemagne existaient les bractéates en argent, cependant qu'en Russie les princes de Kiev copiaient les pièces byzantines et qu'en Angleterre les Anglo-Saxons s'inspiraient des pièces romaines. Les Scandinaves copièrent à leur tour les pièces anglo-saxonnes et la bractéate allemande.

Europe

Thalers d'argent

Au début du XVIe siècle, d'importants gisements d'argent furent découverts dans la mine du Saint-Joachimsthal en Bohême (République tchèque). Cette découverte eut d'énormes répercussions sur les devises européennes, car les grandes pièces frappées à partir de cette matière première ont circulé sur la totalité du continent. Cette pièce s'appelait tout d'abord le saint-joachimsthaler puis le thaler en forme abrégée. Ce nom a en fin de compte été employé dans le monde entier. Son descendant moderne le plus célèbre n'est rien moins que le dollar, utilisé aujourd'hui aux Etats-Unis, au Canada, en Australie, en Nouvelle-Zélande et encore ailleurs.

Un nouveau numéraire

Le thaler a donné à l'Europe un nouveau type de numéraire, différent de l'ancien numéraire romain ou byzantin, bien qu'en Angleterre, en Scandinavie et dans d'autres régions ce nom fût changé en "couronne". Les premiers joachimsthalers coulés par les comtes de Schlick, propriétaires de la mine, comprenaient une croix et un bouclier héraldique, appelé écusson. Ces caractéristiques ont donné leur nom à l'escudo portugais et au cruzeiro brésilien. Le thaler lui-même est devenu très célèbre en Autriche, grâce au thaler Marie-Thérèse de 1780, à l'effigie de l'impératrice régnante d'Autriche.

Deux monnaies italiennes. La 10 lires en haut est une pièce moderne (1974), frappée par le petit Etat indépendant de San Marino dans le nord-est de l'Italie. Ci-dessus, une petite pièce en argent de 10 granas de 1818 à l'effigie de Ferdinand Ier, souverain du royaume des Deux-Siciles (Sicile et Naples). Ce royaume fut en 1860 l'un des Etats fondateurs de l'Italie moderne.

MARIANNE

Des portraits allégoriques ou imaginaires de femmes apparaissent souvent sur les monnaies. C'est le cas de Marianne, symbole de la France, qui figure sur cette pièce de cinq francs de 1933. Le bonnet phrygien qu'elle porte n'a cependant rien d'imaginaire. A l'origine, ces bonnets étaient portés par les esclaves affranchis en Phrygie, en Grèce antique. En 1789, les révolutionnaires français ont commencé à porter ces bonnets après s'être rebellés contre le roi Louis XVI. Depuis lors, la tête de Marianne portant un bonnet phrygien symbolise la France libérée de la tyrannie.

Voici l'un des célèbres thalers qui ont donné à l'Europe un nouveau type de numéraire. Celui-ci est dû à Stephen, comte de Schlick.

Europe

Les pays modernes

Depuis l'émission des premiers thalers en argent en 1518, les pays d'Europe ont énormément évolué. Par le passé, certains de ces pays appartenaient à des empires. La Hongrie, par exemple, faisait partie de l'Empire autrichien. D'autres contrées, comme l'Allemagne ou l'Italie, étaient constituées d'un ensemble de petits Etats avant leur unification, c'est-à-dire avant qu'elles deviennent un seul pays voici juste un peu plus de cent ans. Des changements se produisent toujours aujourd'hui. Ainsi, en 1990, les Allemagne de l'Est et de l'Ouest, divisées après la Seconde Guerre mondiale en 1945, ont connu une réunification. En 1991, ce sont les trois Etats baltes (Lettonie, Lituanie et Estonie) qui quittèrent l'Union soviétique pour devenir indépendants.

Un monde en pleine mutation

Les changements vécus par un pays se reflètent bien sûr dans son numéraire et vous pouvez donc suivre cette évolution dans votre collection. C'est précisément l'un des aspects qui rend passionnante la collection numismatique européenne. Une collection de pièces et billets italiens, par exemple, pourrait commencer par des pièces frappées par les anciens Etats antérieurs à la formation du pays - Venise, Milan, Lombardie-Vénétie, etc. - et se poursuivre par celles produites par l'Italie unifiée à partir de 1860.

Voici des pièces d'Allemagne de l'Ouest et de l'Est, en vigueur de 1945 à 1990 lorsque le pays était scindé en deux Etats distincts. La photo de gauche montre le revers d'une pièce de deux marks ouest-allemande, tandis que l'illustration ci-dessous concerne son équivalent est-allemand.

Ces trois billets de banque furent imprimés en Norvège (en haut), en Estonie (au milieu) et en Irlande (en bas).

Les thalers Marie-Thérèse (à droite), qui doivent leur nom à l'impératrice d'Autriche du XVIIIe siècle, font partie des pièces les plus célèbres du monde. Ils ont été frappés à partir de 1780, mais de nombreux autres exemplaires de thalers beaucoup plus récents portent toujours la même date. Cette monnaie a également circulé au Proche-Orient et en Afrique.

Voici douze pièces de différents pays d'Europe. Elles montrent à quel point la petite taille des pièces rend les symboles importants.

MONNAIES COMMEMORATIVES

Aujourd'hui, les anniversaires ou événements importants ainsi que les personnalités célèbres font régulièrement l'objet de commémorations sur des pièces, mais cette idée est loin d'être neuve. Voici plus de 2 000 ans, en effet, les Grecs de l'Antiquité avaient compris à quel point les monnaies pouvaient s'avérer utiles pour la commémoration d'événements, comme les Jeux olympiques, créés en 776 avant J.-C. Dans l'ancienne colonie grecque de Syracuse, des décadrachmes d'argent étaient remis comme prix aux sportifs vainqueurs. Aujourd'hui, les champions olympiques reçoivent des médailles, mais il est très facile de voir à quel point ces médailles ressemblent à des monnaies.

Pièces anniversaires

Les Romains ont toujours emprunté de nombreuses idées aux Grecs et se sont également inspirés de celles-ci. Leur commémoration la plus ambitieuse a pris la forme d'une grande série de pièces relatant l'histoire de Rome. Elles furent frappées en 348 après J.-C. afin de marquer le millième anniversaire de la cité. La frappe des monnaies commémoratives a ensuite continué à se développer, bien qu'au XVe siècle, les grandes médailles en or aient pris le pas un certain temps sur celles-ci. Un événement majeur fut commémoré à deux reprises par divers Etats allemands : il s'agissait du centenaire en 1617 et du bicentenaire en 1717 de la Réforme. Celle-ci a amené la séparation de l'Eglise protestante et de l'Eglise catholique, entamée par le prêtre Martin Luther en 1517.

Les trois monnaies commémoratives (à droite) sont d'origine américaine. La première est un demi-dollar en argent de 1982, célébrant le 250e anniversaire de la naissance de George Washington, premier président des Etats-Unis.
Le dollar en argent de 1987 (au milieu à droite) célèbre le 200e anniversaire de la constitution américaine qui commence par les mots "We the people" ("Nous, le peuple"). A l'extrême droite se trouve un dollar en argent frappé à l'occasion des Jeux olympiques de Los Angeles en 1988.

En 1963, la Grèce a émis des pièces de 30 drachmes en argent à l'occasion du centenaire de sa dynastie royale. Le droit (en haut à gauche) comprend les portraits des cinq rois ayant régné, le revers (en haut à droite) comporte une carte du royaume de Grèce. Le florin australien de 1951 (2 shillings) commémore l'union de ses colonies.

La pièce en argent de 10 markka a été frappée par la Finlande en 1967 pour célébrer le 50e anniversaire de son indépendance. Le droit comporte 5 cygnes, tandis que le revers montre une construction, symbole des progrès réalisés par le pays. La Finlande a été le premier pays à sortir une monnaie olympique pour les jeux d'Helsinki en 1952.

Monnaies commémoratives

Monnaies commémoratives modernes

Les monnaies commémoratives telles que nous les connaissons aujourd'hui ont été frappées pour la première fois aux Etats-Unis en 1893, date à laquelle un demi-dollar et un quart de dollar ont été produits pour marquer le 400e anniversaire de la découverte de l'Amérique par Christophe Colomb. En Grande-Bretagne, la couronne ou pièce de 5 shillings n'avait plus été employée depuis les premières années de ce siècle, mais elle a connu une nouvelle jeunesse en tant que pièce commémorative pour le "Silver Jubilee" (25 ans de règne) du roi George V en 1935. Depuis lors, les couronnes ont souvent été frappées à l'occasion de commémorations spéciales d'ordre royal ou autre.

Plus récemment, les monnaies commémoratives sont devenues plus populaires que jamais et certaines d'entre elles forment des ensembles qui proviennent de différents pays et célèbrent le même événement. Ainsi, 19 pays ont frappé des pièces correspondantes après 1968 pour célébrer le projet des monnaies de la FAO (Food & Agricultural Organization des Nations unies). L'objectif de ce projet était de faire connaître à l'opinion publique le travail de la FAO en matière d'amélioration de la production agricole et agro-alimentaire dans le monde.

En 1492, Christophe Colomb a effectué son premier voyage aux Amériques. Il a tout d'abord accosté aux Bahamas qui, en 1989, ont sorti cette pièce de 5 dollars pour commémorer son arrivée. Christophe Colomb revendiquait l'Amérique au nom de sa protectrice, la reine Isabelle d'Espagne. Il n'était toutefois pas Espagnol, mais Italien et originaire de Gênes. Et c'est la raison pour laquelle l'Italie a frappé ses trois bateaux la Santa Maria, la Pinta et la Niña sur des pièces de 500 lires à partir de 1958 (à droite).

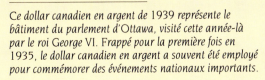

Ce dollar canadien en argent de 1939 représente le bâtiment du parlement d'Ottawa, visité cette année-là par le roi George VI. Frappé pour la première fois en 1935, le dollar canadien en argent a souvent été employé pour commémorer des événements nationaux importants.

L'ILE AU TRESOR

Pourquoi un Ecossais apparaît-il sur une pièce d'un chapelet de petites îles du Pacifique ? Parce que Robert Louis Stevenson, auteur de L'île au trésor, Docteur Jekyll & Mister Hyde et de nombreux autres romans passionnants, s'est installé dans l'archipel de Samoa en 1888. Sa santé précaire lui imposait en effet de venir vivre sous les cieux cléments de ces îles, et c'est ainsi qu'en 1969, les Samoa occidentales ont sorti cette pièce de 1 tala (dollar) en cupro-nickel, destinée à célébrer le 75e anniversaire de sa mort.

AMERIQUE DU NORD

Par rapport à d'autres régions du monde, l'Amérique du Nord (Canada et Etats-Unis) s'est lancée très tard dans la production de ses propres pièces. Aucune monnaie n'y a en effet été fabriquée pour être mise en circulation avant 1652, date à laquelle la colonie britannique de Massachusetts Bay frappa quelques pièces d'argent plutôt grossières. Quant au Canada, il a sorti ses premières pièces 18 ans plus tard, soit en 1670.

Des pièces du monde entier

Les colonies canadiennes et américaines employaient cependant toutes sortes de monnaies avant de disposer de leur propre numéraire. Il s'agissait de pièces françaises, hollandaises, anglaises et allemandes. Le 8 réaux espagnol en argent fut à cet égard la pièce la plus largement employée dans tout le "Nouveau Monde", nom que l'on donnait alors aux Amériques. On trouvait même des pièces chinoises au Canada occidental, car les nombreux Chinois venus s'installer dans cette région en vue de trouver du travail y avaient amené leurs propres monnaies.

Des jetons ont également été employés, particulièrement par les trappeurs du Canada, et leur valeur était exprimée en peaux de castor! On pratiquait aussi un système de troc, dont les unités de valeur étaient des peaux d'animaux, du poisson séché ou, aux Etats-Unis, du tabac et des wampums (voir page 21).

L'aigle de 10 dollars en or fut l'une des premières monnaies des Etats-Unis nouvellement indépendants. Toutefois, pendant les 60 années qui ont suivi la date d'émission de cette pièce (1795), le nombre d'aigles en or en circulation était insuffisant. C'est la raison pour laquelle les habitants ont continué à employer le 8 réaux espagnol en argent ainsi que d'autres pièces étrangères.

En 1913, le gouvernement américain a instauré le système de la "Réserve fédérale" pour imprimer des billets qui seraient désormais "garantis par des bons des Etats-Unis déposés auprès du trésorier des Etats-Unis d'Amérique". Cela signifiait que la valeur de ces billets était correctement garantie par de l'argent "réel" et que, dès lors, ceux-ci devenaient bien plus fiables que leurs prédécesseurs.

Amérique du Nord

Pendant la guerre de Sécession (1861-1865), les gouvernements du nord et du sud des Etats-Unis ont émis d'énormes quantités de monnaies pour payer le conflit. Au sud, les billets des Etats confédérés (à gauche) ont rapidement perdu toute valeur. De même, au nord, les nouveaux billets, appelés "greenbacks", se sont également dévalués très vite.

Les pièces actuelles

Quelques années après l'indépendance des Etats-Unis, le Congrès américain adoptait le "Mint Act" de 1792 qui établissait 4 types fondamentaux de pièces à frapper : les aigles en or, les dollars et dix cents (appelées "dimes" en anglais) en argent ainsi que les cents en cuivre. Les sujets des pièces devaient symboliser la liberté, une notion très importante, car les USA, aidés par la France, avaient mené un combat long et éprouvant pour gagner leur indépendance. C'est la raison pour laquelle la tête ou le buste de la Liberté, une femme allégorique ou imaginaire, est apparue sur de si nombreuses pièces américaines. Elle est d'ailleurs toujours employée aujourd'hui et les types de pièces choisis en 1792 constituent encore le numéraire américain plus de 200 ans plus tard.

Canada

La caractéristique la plus courante des espèces canadiennes est la tête du souverain britannique. Ceci est dû au fait que le Canada a conservé la première place au sein de l'Empire britannique et, plus tard, du Commonwealth. La monnaie canadienne se subdivise également en dollars et en cents.

Les provinces canadiennes disposaient jadis de leur propre monnaie. Les cents et demi-cents en bronze proviennent de Nova Scotia, le cent en bronze de l'île du Prince-Edouard et les pennies et demi-pennies en cuivre de 1854 marqués "currency", du New Brunswick. En 1843, le New Brunswick avait déjà frappé ces mêmes pièces, mais elles étaient marquées du sigle "token" (jetons).

Ce dollar canadien en argent a été frappé en 1958 pour célébrer le centenaire de la Colombie britannique. Le droit est à l'effigie de la reine Elisabeth II d'Angleterre, souveraine du Canada et de nombreux autres territoires du Commonwealth.

AMERIQUE LATINE

La plupart des pays d'Amérique centrale et d'Amérique du Sud - c'est-à-dire l'Amérique latine - appartenaient jadis à l'énorme empire espagnol, conquis au XVIe siècle et dominé pendant plus de 3 siècles. Celui-ci s'étendait du Mexique au nord à l'Argentine et au Chili à la pointe méridionale de l'Amérique du Sud. L'Empire espagnol comprenait également l'île de Cuba et la République Dominicaine qui occupe la moitié de l'île d'Hispaniola. Les seules exceptions étaient la Guyane française, la Guyane britannique (aujourd'hui le Guyana), la Guyane hollandaise (aujourd'hui le Surinam) et le Brésil, dominé par les Portugais.

Noms espagnols

Lorsque ces pays ont gagné leur liberté en se proclamant indépendants de l'Espagne et du Portugal, ils ont toutefois conservé la langue de l'ex-occupant. C'est la raison pour laquelle certains billets et pièces ont gardé des unités monétaires de type espagnol. Ainsi, l'Amérique latine, le Mexique, le Chili, la Colombie et Cuba emploient tous des monnaies évaluées en pesos et centavos, noms dérivés de la peseta et du centimo espagnols.

Mexique

Les premières pièces d'Amérique latine ont été frappées en 1536 à Mexico, où le premier atelier monétaire du continent avait été ouvert un an plus tôt. A l'instar d'autres ateliers de l'Empire espagnol, comme ceux de Lima au Pérou ou de Potosi en Bolivie notamment, celui de Mexico a produit de grandes quantités de pièces en or et en argent. Pendant très longtemps, ces pièces, surnommées "épis" (*macuquinas*), ont été assez grossières et irrégulières. Les flans étaient en effet découpés en rondelles dans des barres métalliques coulées de manière irrégulière. Le nom espagnol de ces pièces était *cabo de barra* ou "tranchée dans une barre" et c'est exactement l'apparence que présente ces monnaies.

Ces deux pièces d'argent irrégulières (à droite et ci-dessous) sont des "épis" produits dans l'atelier monétaire de Mexico entre 1550 et 1610. Les Espagnols avaient obtenu d'énormes stocks d'argent en conquérant le Mexique aztèque et le Pérou inca. Ces trésors ont permis de payer les très coûteuses guerres espagnoles à l'étranger.

Vasco Nuñez de Balboa apparaît sur cette pièce panaméenne (en bas à droite). Il fut le premier Européen à franchir l'isthme de Panama et à voir l'océan Pacifique. Le Panama, qui proclama son indépendance en 1903, a baptisé sa monnaie le balboa.

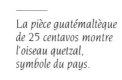

La pièce guatémaltèque de 25 centavos montre l'oiseau quetzal, symbole du pays.

Cette pièce péruvienne en argent de 8 réaux (ci-dessus) date de 1837 et a été coulée à Cuzco, capitale de l'ancien Empire inca, conquis par les Espagnols après 1532.

Petit billet péruvien imprimé en 1922 par José de San Martin, libérateur de l'Argentine qui combattit également les Espagnols au Pérou et au Chili.

L'AIGLE ET LE SERPENT

Les Aztèques étaient une tribu nomade arrivée au début du XIVe siècle dans la vallée de Mexico. Une légende leur imposait de construire une grande ville à l'endroit où ils verraient un aigle dévorant un serpent au sommet d'un cactus. Il semble que cet événement se soit produit en 1325 sur les rives du lac Texcoco, où ils battirent alors la cité de Tenochtitlan. Il s'agit aujourd'hui de la ville de Mexico, capitale du Mexique. Les Aztèques ont finalement dominé une grande partie du Mexique avant d'être vaincus par les Espagnols en 1521. L'aigle, le serpent et le cactus figurent désormais sur toutes les pièces mexicaines.

Le symbole de l'aigle et du serpent mexicain a été reproduit dans de nombreux dessins différents. Il est possible de constituer une collection de pièces mexicaines illustrant ces différents styles de représentation.

La pièce de huit

En 1732, l'atelier monétaire reçut un équipement plus moderne et de meilleure qualité et commença à produire la pièce la plus célèbre de toute l'Amérique : le 8 réaux espagnol, ou pièce de huit, qui sera seulement détrôné par le dollar. Par la suite, ce dernier devint en effet le principal numéraire d'Amérique et il fut également utilisé dans les îles des anciennes Indes occidentales, les actuelles Antilles. C'est là que le dollar a souvent été découpé en morceaux et mis en circulation.

Le premier pays d'Amérique latine à avoir battu monnaie, le Mexique, a également été le premier à imprimer des billets de banque. C'est en 1822, en effet, qu'après avoir proclamé son indépendance le Mexique imprima des billets de 1 et 2 pesos. Depuis lors, le Mexique a imprimé plus de billets de banque que la plupart des autres pays d'Amérique latine.

Billets de banque mexicains (à droite). L'exemplaire du dessus a été imprimé par l'Etat de Chihuahua pendant la révolution de 1910-1916, celui du milieu par l'Etat du Yucatan, tandis qu'une pierre du calendrier aztèque figure sur celui du bas.

LES ALPHABETS DES PIECES

L'alphabet latin employé dans le présent ouvrage n'est qu'un des nombreux alphabets employés dans le monde d'aujourd'hui. Et il en va évidemment de même pour les monnaies et les billets. Il existe des alphabets spécifiques : grec, cyrillique (russe), thaï, hindi (indien) et arabe, tous différents de l'alphabet latin. Il existe également des pays qui utilisent l'alphabet latin, mais dont le nom dans la langue d'origine ne correspond pas à celui que nous connaissons. C'est le cas de la Hongrie, appelée "Magyar" par ses habitants.

Résolution de l'énigme

Tous ces alphabets peuvent donc poser des problèmes lorsqu'il s'agit de déterminer le pays qui a émis une pièce ou un billet. Les illustrations de ces pages vous fournissent quelques conseils vous permettant de venir à bout de ces difficultés. Vous pouvez également appliquer une méthode qui demande un peu plus de travail, à savoir parcourir un catalogue de pièces afin de dresser une liste de tous les pays qui indiquent un nom différent sur leurs pièces.

Si vous n'avez pas envie de dresser de longues listes, vous pouvez toujours montrer votre pièce "mystérieuse" à un collectionneur ou à un marchand spécialisé qui vous renseignera sur son origine. Consignez ensuite l'information obtenue dans un carnet, de manière à pouvoir éventuellement déterminer la provenance d'autres pièces.

En 1983, la Thaïlande a célébré le 700e anniversaire de l'alphabet thaï par l'émission de trois monnaies commémoratives. Celle-ci est la pièce de plus faible valeur, soit 10 bahts. Le droit montre Bouddha, initiateur du bouddhisme, la religion thaï, et un temple bouddhiste à l'arrière-plan. L'alphabet apparaît au revers.

Alphabets non latins

Les pièces comportant des inscriptions en alphabets non latins sont un peu plus difficiles à identifier. Ainsi en va-t-il par exemple des pays musulmans soumis à la religion islamique. Nombre d'entre eux emploient l'alphabet arabe. Ils ne font figurer aucune image sur leurs pièces car la réalisation d'images est interdite par le Coran, livre sacré de l'Islam. Ils utilisent plutôt des motifs et des lettres.

Le meilleur moyen d'identifier des pièces à alphabet non latin consiste à obtenir des copies photométriques d'une ou deux pièces de chacun de ces pays. Collez-les dans votre carnet et consultez-les à chaque fois que vous avez besoin de déterminer l'origine d'une pièce. Tout cela peut sembler compliqué et fastidieux, mais lorsque vous aurez comparé de nombreuses pièces avec les notes de votre carnet, vous serez à même de les reconnaître juste en les observant.

QUELQUES ALPHABETS NON LATINS

Europe	Bulgarie, Grèce, Etats de l'ex-Yougoslavie, Etats de l'ex-URSS comme l'Ukraine.
Afrique	Algérie, Egypte*, Ethiopie, Libye*, Maroc*, Soudan*, Tunisie*.
Asie	Afghanistan*, Bangladesh, Birmanie, Kampuchéa, Chine, Inde, Japon, Corée, Laos, Népal, Pakistan*, Sri Lanka, Taïwan, Thaïlande, Viêt-nam.
Moyen-Orient	Iran*, Iraq*, Israël, Arabie Saoudite*, Syrie*.

*Indique un pays musulman

Les alphabets des pièces

ALPHABETS DU MONDE

αβγδεζηθικλμνξοπρσςτυφϕχψω
ΑΒΓΔΕΖΗΘΙΚΛΜΝΞΟΠΡΣΤΥΦΧ
ΨΩ 1234567890 .,:;!?

Οἱ πρῶτες ἐκδώσεις ἑλληνικῶν κειμένων ἔγιναν στό τυπο
εἶο τοῦ Ἄλδου Μανουτίου στή Βενετία. Ἀπο τό 1494 ὡς τό

Grec

абвгдежзийклмнопрстуфхцчшщъыьэ
юя АБВГДЕЖЗИЙКЛМНОПРСТУФХ
ЦЧШЩЪЫЬЭЮЯ 1234567890 .,:;!?

Азот является одним из главных элементов входящих в состав ве
ществ, сбразующих жнвое тело растений и животных. В процесса

Cyrillique

ابتثجحخدذرزسشصضطظعغفقكلمنهويلا
١٢٣٤٥٦٧٨٩٠

فجهاز السي آر ترونيك ٢٠٠ لايعتمد في تصويره لاشكال
الحروف ، على عدسات أو مرايا أو قطع ميكانيكية متحركة

Arabe

किसी जाति के जीवन में उसके द्वारा प्रयुक्त शब्दों
का अत्यंत महत्त्वपूर्ण स्थान है । आवश्यकता तथा
स्थिति के अनुसार इन प्रयुक्त शब्दों का आगम

Indien

Ces pièces proviennent de Syrie, de Jordanie, d'Iran et du Maroc. Tous ces pays sont musulmans et emploient l'alphabet arabe.

Syrie

Jordanie

Maroc

Iran

Les lettres CCCP sur la pièce de droite indiquent que celle-ci provient de l'ex-URSS qui employait l'alphabet cyrillique. En cyrillique, "C" signifie "S" et "P" signifie "R". CCCP correspond donc à URSS (Union des républiques socialistes soviétiques).
La Bulgarie et les Etats de l'ex-Yougoslavie emploient également l'alphabet cyrillique.

Sur la pièce israélienne ci-dessous figurent les alphabets hébreux, arabe et latin. La pièce éthiopienne (en bas) utilise l'écriture amharique, forme moderne d'une ancienne écriture éthiopienne employée sur les pièces vers le IVe siècle après J.-C.

Il est facile d'identifier les pièces grecques (ci-dessus à gauche). Il suffit de rechercher le "E" et les deux "V" à l'envers. Cela correspond à "ELL" dans l'alphabet grec, soit les premières lettres d'ELLAS, nom grec de la Grèce.

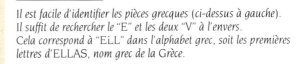

Ces billets de banque (à gauche) sont d'origine japonaise. Comme vous pouvez le constater, les lettres japonaises sont toutes séparées.

ASIE

Le denara d'or (ci-dessus à gauche), une pièce indienne, a été frappé vers 350 après J.-C. La pièce en cuivre (ci-dessus à droite) vient du Népal et a été réalisée au VIIe siècle. Bien que les métaux les composant soient très différents, ces pièces sont très semblables.

A partir du moment où les pièces ont été introduites pour la première fois par les colons grecs dans l'ouest de la Turquie, l'idée de battre monnaie s'est répandue vers l'est, en Asie. Elle est parvenue en Inde au début du IVe siècle avant J.-C. Par la suite, les idées indiennes en matière de sujets de pièces ont influencé les monnaies de pays aussi éloignés que le Népal dans l'Himalaya ou l'Indonésie en Asie du Sud-Est.

Pièces indiennes

Les premières monnaies indiennes, découvertes par des archéologues dans le nord du pays, étaient des petites pièces en argent en forme de plat et frappées d'un seul côté. Plus tard, les nombreux empires qui se sont succédé en Inde ont frappé leur propre monnaie. Le dernier d'entre eux à avoir été érigé, à partir de 1526, fut l'Empire moghol. Les Moghols étaient des musulmans, ce qui explique pourquoi leurs pièces comportent souvent des inscriptions arabes et des versets de poésie arabe.

Formes inhabituelles

L'Inde n'a cependant pas été le premier pays d'Asie à battre monnaie. En effet, les Chinois employaient des pièces 200 ans avant les Indiens, soit au VIe siècle avant J.-C. Il semble que les Chinois aient inventé les pièces tout à fait indépendamment des Grecs en Turquie. Les premières présentaient une forme de couteaux métalliques, de coquilles de porcelaine ou de houes. Par la suite, de nombreuses pièces chinoises ont présenté un orifice carré pratiqué en leur centre, avec une légende à la circonférence.

A partir de la Chine, les pièces se sont rapidement développées dans des pays comme la Corée, le Viêt-nam et le Japon. Au XIIIe siècle, de nombreuses pièces chinoises circulaient au Japon. Les Chinois avaient commencé à employer des billets de banque dès cette époque, si bien qu'ils avaient exporté au Japon les pièces dont ils n'avaient pas besoin.

Les pièces asiatiques modernes ressemblent aux pièces européennes ou américaines. Ce dollar chinois en argent a été coulé en 1912.

Il est facile de deviner d'où les Coréens ont tiré leur inspiration pour les sujets de leurs pièces. En effet, la pièce coréenne en bronze (à gauche) a été frappée en 1423, peu après la pièce chinoise en bronze de 1408 (ci-dessous), à laquelle elle ressemble énormément.

Voici une pièce allongée en argent, frappée au XVIIIe siècle au Laos (à gauche). Elle est frappée d'un bateau, d'un éléphant et d'un chakra ou motif de pétale, à l'instar des premières pièces indiennes.

Les billets du Kampuchéa (Cambodge) sont courants dans les lots proposés à la vente. Nombre d'entre eux illustrent des sujets tels l'agriculture, l'industrie ou la pêche (ci-dessous) et comprennent un joli cadre à motifs traditionnels. Toutefois un billet de 500 riels comportant une scène de bataille a été récemment émis. Le Kampuchéa, avec le Viêt-nam et le Laos, compose la région connue sous le nom d'Indochine, en proie à de sanglants conflits depuis plus de 50 ans.

Une histoire mouvementée

La région que nous appelons le Proche-Orient est en fait la partie occidentale de l'Asie. Les monnaies de cette région prouvent la multiplicité des puissances qui l'ont dirigée. Dans l'Antiquité, la Syrie, le Liban et la Jordanie ont par exemple employé des pièces de type grec. Plus tard, lorsque ces pays ont été conquis par les Romains, c'est bien entendu la monnaie romaine qui fut en usage. Enfin, à partir du moment où les musulmans ont régné sur la région, les pièces de type arabe se sont imposées, la plupart d'entre elles étant couvertes d'inscriptions.
Après 1096, date à laquelle les croisés chrétiens conquirent les royaumes correspondant aux Etats actuels d'Israël, de Jordanie et du Liban, un type de numéraire différent a fait son apparition au Proche-Orient. Les monnaies des croisés ressemblèrent tout d'abord aux pièces islamiques d'Egypte jusqu'à ce que le pape émette des protestations et impose la présence d'une croix et d'autres symboles chrétiens sur les pièces.

PROCHE-ORIENT

Avant que l'on découvre d'autres itinéraires, le commerce entre l'Europe et l'Asie passait par le Proche-Orient. Les monnaies de ces régions reflètent les nombreuses nations qui y ont régné et commercé.

Pièce romaine en argent provenant de Syrie, à l'effigie de l'empereur Caracalla (198-217 après J.-C.).

Besant en or des croisés du XIIe siècle provenant de la Terre sainte (Israël).

Drachme en argent de l'empereur Trajan avec un chameau, provenant de la Jordanie romaine.

Fals en cuivre coulé par les califes musulmans de la dynastie des Omeyades qui régna sur le Liban au VIIIe siècle après J.-C.

TOUTES LES PIECES NE SONT PAS RONDES !

Lorsque l'on parle d'une pièce, on pense généralement à un objet rond. Il s'agit effectivement d'une forme pratique qui facilite la manipulation. Mais toutes les pièces ne présentent pas cette apparence. Il en existe de nombreuses autres qui présentent des formes différentes et plus originales. Elles sont généralement très jolies, comme la pièce de huit pé en forme de pétale, frappée en Birmanie en 1949, la pièce de deux annas en forme de diamant frappée en Inde en 1950 ou le cinq cents canadien dodécagonal (douze côtés) de 1943.

Gloire et fortune

Une pièce rare et célèbre, le 50 dollars en or frappé aux Etats-Unis en 1915 à l'occasion de l'exposition Panama Pacific, est octogonale, ce qui signifie qu'elle a huit côtés. Son dessin est directement inspiré des pièces de l'Athènes antique : la déesse Athéna y apparaissait en effet sur le droit et la chouette sur le revers.

En 1919, les "Straits Settlements", une colonie britannique regroupant un certain nombre d'îles d'Asie du Sud-Est, ont frappé des pièces d'un cent carrées. A l'instar d'autres pièces présentant des coins ou des angles, celles-ci disposaient de coins arrondis afin d'éviter toute arête vive, susceptible de griffer la main ou de trouer poches et porte-monnaie.

L'Inde moderne a souvent eu recours à des pièces non circulaires. Voici des pièces de 10 paise à bordure festonnée de 1971, d'un anna de 1915 et de deux paise de 1972. La pièce de deux paise porte l'emblème héraldique des lions, emprunté aux armoiries nationales.

Les six pièces ci-dessous sont le cent jamaïquain, le 20 cents du Swaziland, le 10 shillings de Guernesey, le 25 cents de Malte, le 5 sentimos des Philippines et le 10 pesos du Mexique.

En 1969, l'Australie a remplacé son 50 cents circulaire en argent par un 50 cents en cupro-nickel dodécagonal (ci-dessus à gauche). Il porte les armoiries nationales australiennes. Le 50 cents canadien semble également avoir 12 faces, mais il est en réalité rond. La pièce de trois pence anglaise était moins populaire auprès des collectionneurs que la pièce en argent ronde qu'elle a remplacée.

Toutes les pièces ne sont pas rondes!

Formes impopulaires

Malgré leur côté apparemment attractif, les pièces qui ne sont pas rondes ont quelquefois été impopulaires. Tel était le cas du "Three-penny Bit" anglais, épais, grossier et de forme dodécagonale. Cette pièce a été frappée pour la première fois en 1937 et elle remplaçait le petit "Three-penny bit" plus fin en argent, qui était et est toujours une pièce fort appréciée des collectionneurs. L'agitation a également été grande en 1969, lorsque la grande pièce de 50 pence à sept côtés a été frappée pour la première fois en Grande-Bretagne en tant qu'une des nouvelles pièces décimales.

Hong-Kong a introduit ces trois pièces non circulaires en 1975-1976: le 20 cents et le deux dollars à bordure festonnée ainsi qu'un cinq dollars décagonal (à 10 côtés).

RONDE OU PAS RONDE?

Pourquoi de si nombreuses personnes n'apprécient-elles pas les pièces qui ne sont pas rondes? En fait, comme la plupart des pièces sont rondes, les gens sont habitués à cette forme. Or, l'homme a toujours préféré ce à quoi il était accoutumé... Mais les pièces non circulaires présentent cependant un gros avantage: que vous les collectionniez ou que vous payiez vos achats grâce à elles, leur forme spécifique permet de les distinguer facilement des autres. Cet aspect peut s'avérer important dans un pays qui emploie nombre de pièces différentes et où les gens auront toujours beaucoup de monnaie dans leur bourse ou leur poche. En outre, ce type de monnaie permet aux personnes malvoyantes de sentir de quel type de pièce il s'agit.

Cette monnaie ressemble davantage à un sceau de cire qu'à une véritable pièce. Il s'agit d'un denar bractéate en argent frappé au XIIIe siècle en Suisse.

Voici une pièce non circulaire vraiment bizarre, frappée en Irlande en 1642. Son apparence brute indique qu'il s'agit d'une monnaie de nécessité, destinée à une utilisation pendant une guerre civile. Cette pièce est appelée Inchiquin et était réalisée à partir de morceaux de métal frappés de l'indication de leur poids.

Cette pièce peut vous tromper! Ce 50 escudos du Portugal (à droite) montre un navire traversant l'océan, symbole de la tradition maritime de ce pays. Cette monnaie semble présenter neuf côtés mais elle est en réalité ronde. Seul le bord intérieur présente neuf côtés.

Comme le spécimen irlandais ci-dessus, cette monnaie en argent néerlandaise a constitué une pièce de nécessité. Elle a été frappée dans la ville de Leiden en 1574. La matrice de la pièce était visiblement ronde, mais elle a été frappée sur un morceau d'argent en forme de diamant.

AFRIQUE

Les pièces sont arrivées très lentement en Afrique, même si les implantations grecques de Libye, au nord, employaient déjà des statères d'argent ainsi que de petites pièces appelées fractions à la fin du VIe siècle avant J.-C. Ce n'est qu'une cinquantaine d'années plus tard qu'elles sont apparues pour la première fois dans l'ouest de la Turquie. Par la suite, les pièces se sont développées dans les colonies romaines d'Afrique du Nord et à Carthage, ville fondée par les Phéniciens de Syrie et située à proximité de la Tunis moderne.

UNE PIECE RARE
Pourquoi ce 1000 reis en argent comportant un simple motif de château des deux côtés vaut-il des dizaines de milliers de francs? En fait, il a été coulé en 1894 pour la société Nyassa et était destiné à deux des provinces du Mozambique, mais il n'est jamais sorti. Les experts estiment que cette pièce est l'une des deux seules existant au monde et c'est donc son extrême rareté qui lui confère un tel prix.

En 1882, le sultan de Zanzibar, une île indépendante, a créé un nouveau numéraire aux inscriptions arabes. Cette pièce très rare est un demi-rial en argent. Auparavant, Zanzibar avait employé des pièces provenant du Proche-Orient islamique et de la Chine

Pièce standard en argent du XVe siècle provenant de Mogadiscio. Aujourd'hui capitale de la Somalie moderne, Mogadiscio fut jadis dirigée par un sultan musulman. C'est pourquoi cette monnaie porte des inscriptions arabes.

Développement du commerce

A cette époque, c'est-à-dire voici 2 500 ans environ, on trouvait des pièces dans les endroits où se rendaient marchands et autres commerçants. Les premières pièces connues en Ethiopie, par exemple, y ont été amenées vers 50 après J.-C. par des marchands qui employaient des pièces romaines pour acheter leurs produits. De même, des pièces ont été introduites au Kenya au XIe siècle après J.-C. par des marchands arabes venus acheter de l'ivoire et des esclaves.
Si vous cherchez à découvrir à partir de quelle époque les pays africains ont disposé de leurs propres monnaies, vous constaterez que les pays côtiers ont réagi bien avant les pays de l'intérieur. Ceci est essentiellement dû au fait que les premiers marchands parvenant en Afrique n'étaient pas en règle générale des explorateurs et que ce continent restait une terre énorme, dangereuse et mystérieuse. Il était bien plus facile et plus sûr de négocier avec des personnes qui vivaient au bord de la mer.

Voici une ancienne pièce en argent libyenne, première région d'Afrique à avoir disposé de son propre numéraire. L'inspiration hellénique est toutefois évidente. Même sa valeur, quatre drachmes, est grecque. Elle est à l'effigie de Zeus, père des dieux, et comporte des inscriptions en grec. Cette monnaie a été frappée vers 470 avant J.-C.

Afrique

L'Angola a fait partie de l'Empire portugais pendant près de 500 ans, soit jusqu'à 1976. Cette pièce de 40 reis en cuivre du roi Joseph du Portugal (ci-dessus) a été frappée en 1757.

En 1968, le Soudan a frappé cette pièce de 25 ghirshs en cupro-nickel (ci-dessous) à l'effigie d'un facteur délivrant son courrier en chameau.

Les empires européens

De nombreux siècles sont passés avant que des explorateurs et autres missionnaires européens commencent à s'aventurer à l'intérieur du continent. La majeure partie de l'Afrique a finalement été partagée entre les Portugais, les Britanniques, les Français, les Allemands, les Espagnols, les Belges et les Italiens. Tous ces peuples ont évidemment amené leur numéraire avec eux.

Aujourd'hui le règne des Européens en Afrique est terminé. Les dernières des plus grandes colonies, le Mozambique et l'Angola portugais, ont obtenu leur indépendance en 1976. De nombreux pays africains indépendants continuent cependant à employer les numéraires européens. Le franc français par exemple est toujours la devise officielle d'ex-colonies françaises comme le Niger, le Tchad, le Burkina-Faso et le Cameroun. De même, le shilling, une pièce britannique, a toujours cours au Kenya, en Ouganda, en Somalie et en Tanzanie où il est appelé "schilingi".

PIECES COLONIALES BRITANNIQUES ET FRANÇAISES

Ces quatre pièces proviennent de pays qui sont des ex-colonies françaises et britanniques. Si vous les comparez avec des pièces françaises et britanniques, vous ne tarderez pas à découvrir par lequel des deux pays ils avaient été colonisés.

Pièce de trois pence du Nigeria (origine britannique).

50 cents/demi-shilling d'Afrique de l'Est (origine britannique).

100 francs du Cameroun (origine française).

1 franc de Madagascar (origine française).

Les billets ci-contre sont un cinq shillings du Biafra, devenu indépendant du Nigeria de 1967 à 1970; un 20 francs du Congo belge (aujourd'hui Zaïre, Rwanda et Burundi); un 10 livres soudanais, retiré de la circulation lorsque le président dont le portrait figure sur ce billet fut destitué; et un 1 livre de Rhodésie (aujourd'hui le Zimbabwe), comportant un filigrane de Cecil Rhodes, fondateur de la Rhodésie.

AUSTRALIE ET OCÉANIE

L'histoire des îles de l'océan Pacifique (Océanie) est riche et cette situation se reflète dans leurs monnaies. Les îles Mariannes, par exemple, ont d'abord été découvertes par un explorateur portugais en 1519, puis les Espagnols les ont contrôlées jusqu'à ce que la plus grande, Guam, soit reprise par les Etats-Unis en 1899. Les autres îles passèrent aux mains de l'Allemagne, tandis que de 1914 à 1945, elles furent occupées par les Japonais. Elles sont aujourd'hui administrées par les Etats-Unis. Ces îles ont donc connu les numéraires espagnol, allemand, japonais et américain.

Les débuts de l'exploration

Les îles du Pacifique ainsi que l'Australie et la Nouvelle-Zélande disposent de leurs propres monnaies depuis moins de 200 ans. Les premières pièces réalisées pour être utilisées dans cette vaste région qui couvre un tiers de la surface de la terre n'ont pas été frappées avant 1813. Pourquoi les pièces ont-elles mis tant de temps à atteindre cette partie du monde? Tout simplement parce qu'il s'agit de la dernière grande région du monde à avoir été découverte par les explorateurs européens, comme le Français Louis Antoine de Bougainville ou le Hollandais Abel Tasman. L'océan Pacifique a d'abord été traversé par une flotte espagnole en 1521 et des marchands comme les Hollandais ont installé des comptoirs dans ces régions, mais il n'était ni correctement exploré ni répertorié sur une carte avant que James Cook ne réalise trois voyages sur la totalité de l'océan entre 1768 et 1779. Cook a entre autres découvert la côte est de l'Australie, où les Britanniques créèrent en 1788 une colonie, devenue aujourd'hui Sydney.

Premières pièces australiennes

La plupart des colons étaient des bagnards expulsés de Grande-Bretagne pour expier leurs crimes. Ni eux ni les aborigènes (indigènes) ne disposaient de pièces et c'est pourquoi ils ont plutôt pratiqué le troc. Ils échangeaient nourriture et boisson, particulièrement du rhum. Ils employaient également des pièces hollandaises, portugaises, espagnoles et indiennes qu'ils recevaient via le commerce. La plupart de ces pièces étrangères étaient employées pour acheter de la nourriture et des biens auprès de marchands étrangers et l'on a rapidement assisté à une pénurie de petite monnaie.

Le revers de ces pièces australiennes en bronze d'un penny et d'un demi-penny montre un grand kangourou rouge, symbole de l'Australie. L'autre demi-penny présente un dessin antérieur et a été frappé entre 1911 et 1936.

Deux pièces en une : le "Holey dollar" ("dollar troué") était à l'origine un 8 réaux espagnol en argent. Une fois expulsée, la partie centrale valait un shilling et trois pence. Le disque extérieur valait cinq shillings, c'est-à-dire quatre fois plus.

Australie et Océanie

Cette pièce de 50 francs de la Polynésie française frappée en 1967 montre l'une des îles avec des canots à balancier, des huttes et des palmiers.

La Nouvelle-Guinée, qui fait aujourd'hui partie de la Papouasie Nouvelle-Guinée, était une colonie allemande à l'époque où cette pièce de deux marks en argent a été frappée en 1894. Son revers montre un des oiseaux de paradis de l'île.

TROP GRANDES POUR UNE POCHE !

La Micronésie (ex-îles Carolines) a disposé de très nombreuses pièces, mais les insulaires ont préféré utiliser leur propre forme de monnaie. Sur l'une de ces îles, Yap, la monnaie prenait la forme de pierres énormes, employées dans des cérémonies spéciales !

"Holey dollars"

L'Australie décida finalement qu'elle devait disposer de son propre numéraire. Les premières pièces furent alors les "Holey dollars" ("dollars troués") de la Nouvelle-Galles du Sud, dans l'est de l'Australie. Ces pièces ont été réalisées en expulsant du centre de 40 000 8 réaux espagnols en argent une petite pastille valant un cinquième de la pièce totale. Plus tard, en 1824, 100 000 livres de pièces britanniques furent amenées en Australie. D'autres personnes, généralement des marchands, ont produit des jetons, la plupart du temps des pennies ou demi-pennies en cuivre ou en bronze. Des pièces spécifiques n'ont pas été frappées en Australie avant 1855, date à laquelle un atelier monétaire fut créé à Sydney à la suite des découvertes d'or locales réalisées quatre ans plus tôt. Par la suite, la Nouvelle-Zélande et d'autres colonies britanniques du Pacifique, telles les îles Salomon, Fidji ou Tonga, utilisèrent notamment des pièces britanniques et australiennes avant de frapper leurs propres monnaies.

Cette pièce néo-zélandaise d'un dollar frappée en 1969 (en haut à gauche) montre la première carte complète des îles réalisée par le capitaine Cook (à gauche), et l'Endeavour, l'un de ses bateaux (à droite). La première pièce néo-zélandaise fut un trois pence en argent (en haut à droite) frappé en 1933. Les Néo-Zélandais avaient jusqu'alors employé des pièces australiennes et britanniques.

DÉCOUVRIR UN TRÉSOR

Tout le monde espère trouver par hasard un trésor, un butin ou d'autres objets historiques rares et précieux. Des trésors ont effectivement été découverts de cette manière mais malheureusement pas aussi souvent qu'on pourrait le penser ! Pour réaliser une grande découverte, il faut généralement travailler beaucoup, soit en plongeant dans la mer pour y rechercher un trésor enfoui, soit en creusant la terre ferme pour y trouver quelque butin dissimulé.

Sous la mer

Certaines des plus célèbres découvertes de pièces ont été réalisées dans des épaves de bateaux. A cet égard, le scaphandre autonome (bouteille d'air et masque), inventé en 1947 par l'officier naval français Jacques Cousteau, a grandement aidé les archéologues en leur permettant d'œuvrer à de grandes profondeurs. Malheureusement les chasseurs de trésor ont employé le scaphandre autonome pour localiser et piller ces trésors sous-marins. Ainsi, à la fin des années 1950, chaque épave connue au large des côtes méridionales de la France avait été détruite et des centaines d'autres avaient été pillées au large des Antilles et de la Floride.

Fenêtres ouvertes sur le passé

Les épaves de navire et autres sites archéologiques peuvent, s'ils sont étudiés soigneusement, nous fournir beaucoup d'informations sur notre histoire. Les chercheurs de trésor qui pillent et endommagent ces sites détruisent d'inestimables fenêtres ouvertes sur notre passé. En outre, ils s'introduisent fréquemment sur des propriétés privées et enfreignent ainsi la loi. Si vous pensez que vous avez trouvé un trésor ou un site historique - pièces, poteries ou tout autre objet historique - avertissez de votre découverte la police et votre association archéologique locale.

Résoudre les énigmes

La découverte de monnaies a souvent aidé les archéologues dans leurs études des sites historiques. Ainsi en 1973, les restes d'un navire de commerce chinois de 35 mètres ont été découverts à proximité du port de Quanzhou. Parmi les objets trouvés dans le bateau figuraient plus de 500 pièces en cuivre dont les plus récentes dataient des années 1265-1274.

Plus remarquable encore, les scientifiques étudiant le mode de construction du bateau ont trouvé sept pièces de bronze enfichées dans la quille. Celles-ci étaient disposées de manière à représenter la constellation de la Grande Ourse (également connue sous le nom de Grand Chariot ou Ursa Major en latin). Elles avaient probablement été enfoncées dans la quille pour porter chance au bateau. L'examen de ces pièces, dont les détails sont connus des collectionneurs, a permis de déterminer la date de construction du navire, soit vers 1277 environ.

Ces "pièces de huit" ou 8 réaux étaient très couramment employées par les marchands hollandais en Extrême-Orient aux XVIIe et le XVIIIe siècles. La Compagnie hollandaise des Indes orientales était l'une des sociétés de commerce les plus importantes au monde. Certains de ses navires ont été perdus corps et biens dans des tempêtes alors qu'ils croisaient dans les océans Indien et Pacifique. C'est le cas du Vergulde Draeck qui transportait 10 000 pièces dans ses cales et du Zuytdorp duquel les plongeurs ont remonté plus de 7 000 pièces en quelques heures à peine !

Découvrir un trésor

SUTTON HOO

Vers 625 après J.-C., un roi anglo-saxon fut enterré avec son bateau à Sutton Hoo en Grande-Bretagne. Parmi les trésors magnifiques qui l'entouraient figuraient des tremisses mérovingiens provenant de l'Empire franc (France). Ces pièces d'or avaient été coulées dans les 37 sites différents indiqués ci-dessous sur la carte. Cette découverte indique l'importance des pièces et, partant, du commerce dans l'Empire franc.

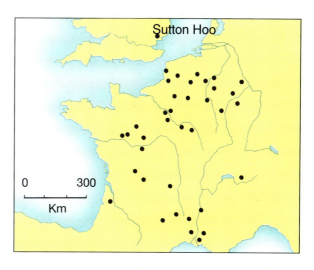

Perdus dans la tempête

Certaines des plus importantes découvertes de pièces ont été réalisées dans des navires espagnols des XVIe et XVIIe siècles. En effet, après avoir découvert les Amériques, les Espagnols ont impitoyablement exploité les richesses du "Nouveau Monde". C'est ainsi qu'entre 1500 et 1660, plus de 15 000 tonnes d'argent ont été embarquées à destination de l'Espagne. Bien sûr, les vaisseaux espagnols sont rapidement devenus la cible privilégiée des pirates et des corsaires (navires pirates affrétés par les gouvernements pour capturer les navires marchands de l'ennemi) et étaient forcés de naviguer de conserve pour se protéger les uns les autres.

Ces flottes regorgeant de richesses et puissamment armées étaient cependant sans défense face aux intempéries. En 1715 par exemple, un ouragan a causé la perte de onze navires d'un convoi. Le pire était encore à venir, puisqu'en 1733 seize navires au moins sombrèrent dans la tourmente au large des côtes de Floride. Des milliers de personnes périrent noyées et d'énormes quantités de pièces et autres trésors se déposèrent au fond de la mer. Les archéologues continuent à découvrir et à étudier des épaves telles que celles-ci.

Ces pièces de deux, quatre et huit réaux (à droite) ont été remontées de galions espagnols coulés au large des Amériques aux XVIIe et XVIIIe siècles. En 1554, trois navires avaient sombré au large du sud du Texas. Certaines pièces d'argent et autres objets précieux ont été remontées à la surface par une société privée de chasseurs de trésors. Les scientifiques furent outrés, car le site n'avait pas été répertorié sur une carte et la découverte n'avait pas été enregistrée. La société a donc été contrainte de rendre le trésor afin que les archéologues puissent en faire une étude appropriée.

Découvrir un trésor

Un gros trésor

Au printemps 1840, quelques ouvriers réparaient les murs des berges de la rivière Ribble, à proximité de Preston dans le nord-ouest de l'Angleterre, lorsque l'un d'eux examina plus attentivement le tas de boue que l'équipe avait dégagé. Il aperçut quelques disques gris et boueux et, après en avoir nettoyé un, il se rendit compte qu'il s'agissait d'une pièce en argent. En fait, le site contenait des milliers de monnaies semblables à celle-ci, comme les ouvriers ne tardèrent pas à le découvrir.

A la fin de leur travail, ils avaient déterré des objets en argent et non moins de 8 000 pièces datant de l'époque du roi Alfred le Grand voici plus de 1000 ans. Cette grande découverte fut baptisée Trésor de Cuerdale.

En attente d'une découverte

Toutes les découvertes de pièces n'ont pas été réalisées aussi facilement, mais il reste encore certainement de nombreux trésors de pièces à déterrer. Ceux-ci étaient souvent dissimulés lors de guerres ou de révolutions et la plupart d'entre eux n'ont jamais été réclamés. En outre, les fonds marins regorgent d'épaves de navires ayant sombré voici des centaines d'années, tout comme ceux qui gisent au large des Antilles ou des côtes de Floride. Il peut s'avérer difficile ou dangereux de retrouver les précieuses cargaisons perdues de ces bateaux, mais il y aura toujours des chasseurs de trésors prêts à tenter l'aventure.

C'est sur la terre ferme que les archéologues ont probablement les plus grandes chances de découvrir des pièces. Leur travail consiste précisément à déterrer des trésors et autres objets du passé. De nombreuses découvertes sont réalisées lors d'études de terrain menées pour la construction de routes ou de bâtiments.

Voici des pièces et autres objets du Trésor de Cuerdale. A priori, personne ne savait qui les avait enterrés là. Des universitaires découvrirent par la suite qu'en 911 après J.-C., une armée danoise effectuait une razzia sur le nord de l'Angleterre lorsqu'elle fut attaquée par les Anglais. Les Danois s'enfuirent, mais il semble qu'ils enterrèrent tout d'abord leur trésor. Ils ne devaient jamais le retrouver.

Ce manuscrit du XVe siècle montre un paysan découvrant un trésor de pièces enfouies. A cette époque, les chercheurs de trésor recouraient aux incantations magiques pour favoriser leurs travaux.

LE TRUC DU COLLECTIONNEUR

Si une pièce qui était auparavant considérée comme "très rare" est devenue "rare", cela signifie souvent qu'un trésor composé de ces pièces a été découvert. Des pièces sont considérées comme "très rares" s'il n'en existe que très peu d'exemplaires. Elles sont "rares" si elles existent en nombre supérieur, mais sont toujours difficiles à obtenir.

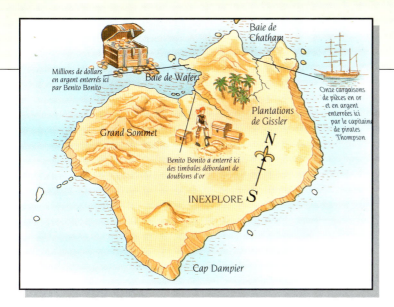

Cette carte des îles Cocos dans l'océan Pacifique a été dressée voici un siècle environ. Elle indique les endroits où le pirate portugais Benito Bonito enterra deux trésors de pièces vers 1820. La carte indique également qu'un autre pirate, le capitaine Thompson, enfouit un trésor au nord de l'île. Les chercheurs sont toujours en quête de ces butins!

Boue et métal

De nombreuses personnes emploient des détecteurs de métaux pour rechercher des pièces ou d'autres objets métalliques. Ces chercheurs de métaux adoptent la même démarche que les archéologues amateurs: ils pratiquent la détection de métal pour leur plaisir avec toujours l'espoir de découvrir des objets de valeur.

Les "remueurs de vase" poursuivent le même objectif que les chercheurs de métaux, mais ils fouillent la boue des berges des rivières en espérant trouver de vieilles pièces et d'autres objets enterrés depuis longtemps dans la boue ou entraînés là par les eaux. Jadis, les "remueurs de vase" étaient souvent de jeunes garçons qui recherchaient n'importe quel objet susceptible d'être échangé contre de la nourriture ou des habits.

L'endroit ad hoc

Les "remueurs de vase" et les chercheurs de métaux doivent se limiter aux types de sites où ils ont le plus de chances de trouver un trésor. Pour ce faire, ils savent par exemple que les Romains avaient l'habitude de jeter des pièces dans les cours d'eau comme dons aux dieux des rivières ou connaissent la localisation d'anciennes implantations d'origine romaine ou autre.

Les chercheurs de métaux ont besoin d'une autorisation des propriétaires du terrain qu'ils explorent, faute de quoi ils peuvent être arrêtés pour avoir pénétré sur une propriété privée. Certains pays limitent même très strictement l'emploi des détecteurs de métaux. Quant aux "fouilleurs" contemporains, ce sont souvent des adultes qui doivent eux aussi disposer d'une autorisation ou d'un permis spécial pour effectuer leurs recherches. De toute façon, vous devez absolument éviter ce genre de "sport", car les rivières peuvent être des endroits dangereux. Que cela ne vous empêche cependant pas de toujours ouvrir l'œil lors d'une promenade au bord de la mer ou de travaux dans votre jardin - qui sait quel trésor vous pourriez y trouver?

Trésor d'origine inconnue

Il existe, dans de nombreux pays, une loi portant sur les "trésors d'origine inconnue". Celle-ci stipule que tout trésor retrouvé appartient automatiquement à la totalité du pays et non à son découvreur. Si l'on estime que ce trésor présente un intérêt historique ou artistique significatif, l'inventeur se voit généralement octroyer une récompense ou une compensation. Les trésors moins importants lui sont généralement rendus. Notez toutefois qu'il s'agit uniquement de principes généraux et que la législation en la matière est très différente selon les pays. La loi américaine ignore quant à elle ce principe, si bien que les découvreurs sont autorisés à garder leur butin en cas d'absence de tout autre propriétaire connu.

Un détecteur de métal est un instrument permettant de découvrir des objets métalliques enterrés dans le sol, comme des monnaies. Lorsqu'un métal est détecté, signal sonore retentit dans le casque ou un témoin lumineux clignote sur l'appareil. Les marchands de pièces partent ainsi souvent à la recherche de métaux et ils vendent ensuite leurs trouvailles dans des bourses d'échange.

ERREURS ET CONTRE-FAÇONS

Il n'existe pas beaucoup d'erreurs sur les pièces. Toutefois, celles que l'on peut trouver ne présentent pas nécessairement une grande valeur, car les numismates ne considèrent pas que toutes les erreurs sont importantes (cette attitude est opposée à celle des collectionneurs de timbres, pour qui la recherche d'erreurs et autres coquilles représente une part importante du hobby). Dès lors, vous pourrez probablement vous procurer certaines de ces pièces à erreur(s) à un prix raisonnable et elles viendront agréablement compléter votre collection.

Erreurs simples

Certaines erreurs sont très limitées. Un chiffre d'une date peut être frappé à l'envers ou un point peut manquer. Ainsi le "gratia" du "Dei gratia" (expression latine pour "A la grâce de Dieu") sur une pièce britannique de 1690 est devenu "gretia". Il arrive que les chiffres d'une date se mélangent, comme sur certaines pièces de cinq shillings britanniques frappées en 1696 sous le règne de Guillaume III et affichant pourtant la date 1669, c'est-à-dire 20 ans avant l'avènement dudit roi Guillaume !

Voici une pièce de 10 dollars en or frappée par le Canada à l'occasion des Jeux olympiques de 1976. Or, il se trouve que la date est devenue "1974" sur certaines de ces pièces. Ces exemplaires sont rares et valent pratiquement 40 fois plus que la monnaie "1976" normale.

Casquettes

Les "casquettes" sont des pièces mal réalisées ou mal frappées. Cela arrive quelquefois lorsque les pièces "sautent" au moment de la frappe, ce qui affecte les cannelures de la tranche (voir page 29). La moitié de ces cannelures peut être absente, laissant ainsi une tranche sans relief. Il existe d'autres casquettes qui n'ont pas de surface supérieure. Ceci est dû à la formation d'une bulle d'air dans la barre à partir de laquelle les flans sont découpés. Quelquefois la bulle causera la cassure de la pièce si celle-ci est jetée sur sa tranche. Généralement, les casquettes sont découvertes et éliminées par les contrôleurs de l'atelier monétaire. Les casquettes que vous trouverez seront donc passées au travers du crible et auront été mises en circulation normalement.

Le droit d'une pièce doit normalement présenter un dessin différent du revers. Cette pièce (à droite) est une "casquette". Elle possède le même dessin sur les deux faces. Cela se produit lorsqu'une pièce ne tombe pas de la presse après son traitement. Le flan destiné à la pièce suivante vient alors se placer entre la matrice et la première pièce, si bien qu'à la frappe suivante, la pièce déjà marquée imprime son dessin sur une face du flan.

Sur la pièce de droite, la zone entourant le sommet du trident à été endommagée par un objet venu s'insérer entre le flan métallique et la matrice.

Erreurs et contrefaçons

Contrefaçons

Les contrefaçons sont beaucoup plus sérieuses que les casquettes, dans la mesure où il s'agit de fausses pièces ou de faux billets. A une époque, les contrefacteurs étaient exécutés et leur corps exposé en place publique à titre d'exemple, mais cela ne les a cependant jamais dissuadés. De très nombreuses contrefaçons de pièces anciennes grecques et romaines ont été réalisées et des pièces en or américaines ont été copiées. De nombreux billets imprimés durant les guerres d'Amérique latine ont été contrefaits (copiés illégalement) à grande échelle, tout comme les billets de l'Empire ottoman (Turquie) ou les billets de cinq livres néo-zélandais au cours du XIXe siècle. A la même époque, on réalisait aussi de nombreuses contrefaçons du papier-monnaie Ming imprimé en Chine 500 ans plus tôt.

CONTREFAIT OU AUTHENTIQUE ?

Les contrefaçons de pièces modernes peuvent s'avérer très difficiles à détecter, mais la supercherie est plus facile à dévoiler lorsqu'il est question de pièces plus anciennes. Par exemple, les fausses pièces ne pèsent pas toujours le même poids que leurs équivalents authentiques. Pour vérifier l'authenticité d'une pièce, pesez-la et comparez le résultat obtenu à la valeur que vous aura fournie un marchand ou un expert.

Cette fausse pièce (à gauche) est constituée d'un disque de cuivre recouvert d'une couche d'argent. On voit en effet le cuivre qui apparaît aux endroits où la couche d'argent est usée.

Ce dollar mexicain est une contrefaçon chinoise, réalisée par apposition d'une fine capsule d'argent sur un disque d'étain. Comme dans le cas précédent, cette pièce est dite "fourrée"

De faux billets de banque ont été imprimés pendant les périodes de guerre afin d'affaiblir l'économie ennemie ou à des fins de propagande. Ainsi, le cinq livres blanc britannique (ci-dessous) est une copie allemande très précise datant de la Seconde Guerre mondiale et ne présente que des erreurs minimes dans son dessin. Quant au billet japonais (en bas), il a été réalisé par les forces américaines en 1943-1944. Il s'agit d'une contrefaçon produite à des fins de propagande. En effet, le verso comporte un texte en japonais qui incite les soldats nippons à se rendre.

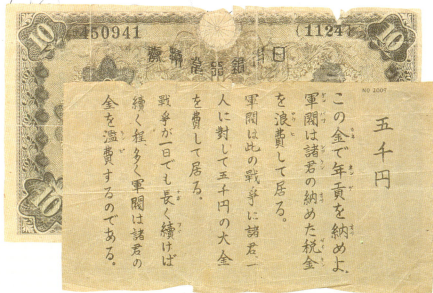

L'objectif réel de cette très bonne "contrefaçon" d'une guinée anglaise (21 shillings) est expliqué au revers de celle-ci. Fabriquée en cuivre au XVIIIe siècle, il s'agissait en fait d'une imitation créée à des fins publicitaires.

ÉTRANGES ET CÉLÈBRES

Certaines pièces sont devenues célèbres en raison de leur taille, d'autres grâce aux images qu'elles comportent. Un prix record de 900 000 dollars a été payé dans les années 70 pour une monnaie provisoire de 20 dollars en or, car celui-ci en était le seul exemplaire connu. Quelle qu'en soit la raison, toutes ces pièces célèbres partagent une même caractéristique: elles sont inhabituelles à certains égards et, dès lors, différentes des millions d'autres pièces frappées.

Le premier portrait

La pièce qui a porté le premier portrait d'une personne vivante est évidemment célèbre. Avant le tétradrachme en argent frappé en Egypte entre 323 et 305 avant J.-C., les monnaies comportaient le plus souvent le portrait d'anciens dieux et déesses. Ce tétradrachme est à l'effigie de Ptolémée Ier, l'un des généraux d'Alexandre le Grand, qui fonda un nouveau royaume en Egypte en 323 avant J.-C. Une autre pièce est devenue célèbre grâce à son portrait de l'homme dans la Lune au revers. Il s'agit d'un thaler en argent frappé en 1547 à Luneberg en Allemagne.

Grand et lourd

Le 100 ducats frappé en Hongrie en 1629 est connu pour être la plus grande monnaie en or jamais produite. Les pièces d'un et de deux pennies "Cartwheels" (roues de chariot), frappées en Angleterre en 1797, sont également réputées pour leur taille et leur poids. Leur surnom a été inspiré par leur forte épaisseur et par leur cordonnet très prononcé, faisant ainsi penser à une roue de chariot.

Les célèbres 1 et 2 pennies "Cartwheels" ("roues de chariot") ont été frappées en Angleterre en 1797. La petite pièce est un Maundy d'un penny de 1937, provenant d'une série spéciale produite chaque année par le roi pour ses sujets pauvres.

"L'homme dans la Lune", pièce de 1547, fut frappée à Luneberg en Allemagne. Le nom de la ville correspondait au mot latin pour "Lune": luna.

ESSAIS ET MONNAIES DE PRESTIGE

Ces deux pièces grecques en or sont extrêmement rares. Celle de gauche est un essai monétaire (ou "pièce d'hommage") du règne du roi Paul (1947-1964). Les essais sont produits à titre expérimental avant la frappe des pièces définitives et doivent être approuvés par la famille royale ou le chef de l'Etat avant le lancement de la production. Cette pièce est particulière dans la mesure où il s'agit de l'une des quatre composant l'unique série connue pour appartenir à un particulier et être proposée à la vente. Généralement, les essais monétaires en or sont offerts à la famille royale ou aux musées nationaux. Ils ne sont pas repris dans les catalogues. La monnaie de droite est une refrappe officielle et de prestige de la pièce de 30 drachmes datant du règne du roi Constantin II (1964-1967). Elle est extrêmement rare, car elle a été frappée spécialement en or, alors que la version normale de la monnaie avait été frappée en argent.

Voici un billet célèbre et effrayant. En 1954, la banque centrale du Canada a sorti une série de billets à l'effigie de la reine Elisabeth II (à droite). Malheureusement, les boucles de la coiffure de la souveraine étaient dessinées de manière telle que le visage d'un démon y apparaissait (ci-dessous à droite). De nombreuses personnes refusèrent d'employer ces billets qui furent finalement retirés de la circulation et remplacés par d'autres.

Inflation

Les émissions en temps de guerre ou à l'occasion d'autres événements graves sont également étranges ou célèbres. L'inflation, par exemple, survient lorsque la monnaie perd sa valeur et que d'énormes quantités de celle-ci deviennent nécessaires pour acheter les biens les plus usuels, comme un pain ou un journal. La Hongrie, notamment, a connu une inflation galopante à la fin des années 40, tout comme l'Allemagne dans les années 20. Ce phénomène explique donc la production de ce célèbre billet de banque allemand de 1923, dont la valeur atteignait 100 millions de marks ! De même, en 1945 et 1946, la valeur des billets imprimés en Hongrie culminait à 100 millions de pengö, tandis que la Grèce produisait des billets de 500 millions de drachmes vers la même époque.

Ce billet allemand de 100 millions de marks (à gauche) a été émis en novembre 1923, à une époque où le pays connaissait une inflation galopante. Sa valeur réelle était inférieure à 20 FF actuels.

L'AVENIR DE LA MONNAIE

Dans un célèbre film de science-fiction, *Star Trek IV - Retour sur Terre*, le capitaine Kirk et son équipage reviennent 300 ans en arrière, soit vers la fin du XXe siècle. Kirk découvre que les pièces et billets y sont encore employés. Pour s'en procurer une certaine quantité, il doit vendre une antique paire de lunettes. A l'époque du capitaine, c'est-à-dire au XXIIIe siècle, plus personne n'a recours à l'argent. Les hommes disposent alors de "crédits" et leur argent n'existe plus que dans des enregistrements informatiques.

Une autre forme d'argent

Même depuis les siècles qu'existent pièces et billets, d'autres formes d'argent ont toujours circulé, bien que l'argent totalement "informatisé" ne soit pas encore à l'ordre du jour. La forme la plus proche de ce dernier est cependant "l'unité de compte", monnaie fictive uniquement employée par des comptables lors de l'établissement de comptes financiers. C'est notamment le cas de l'écu, la monnaie européenne (ECU correspond d'ailleurs à "European Currency Unit" ou unité de compte européenne). En effet, dans le système monétaire européen, les devises des Etats membres se voient attribuer des valeurs en écus spécifiques, de manière à stabiliser les taux de change entre elles, c'est-à-dire à maintenir un équilibre correct.

L'argent électronique

Nous nous approchons toutefois de la formule de l'argent électronique grâce aux cartes de crédit et de chèque, aux cartes de retrait automatique et autres télécartes. Cette forme de monnaie a été baptisée "argent plastique", car les cartes sont réalisées dans cette matière. Vous pouvez aussi faire vos achats à l'aide d'une carte en plastique, qui permet, par liaison informatique, de débiter, c'est-à-dire de déduire, directement le montant des achats du compte en banque.

La photographie ci-dessous représente un ensemble d'essais monétaires non officiels d'écus britanniques, frappés par un atelier privé. L'argent plastique comprend les cartes de crédit et de chèque (en bas à gauche), qui peuvent être aussi utilisées dans un guichet automatique de retrait d'argent liquide, et les cartes de retrait (ci-dessous avec la bande noire), servant uniquement aux retraits à ces guichets. Une carte de crédit vous permet de ne payer qu'une partie de la somme totale due à la fin du mois, tandis que la carte de crédit d'un magasin implique le paiement total de cette somme.

Le papier constitue une autre forme d'argent et existe sous la forme de chèques, de chèques bancaires, de mandats et mandats-poste ou de billets à ordre. Ces formules imposent aux banques - ou, dans le cas de mandats-poste, à la poste - de transmettre l'argent d'une personne à une autre. En fait, le papier-monnaie est également une forme de billets à ordre, même si la plupart des gens le considèrent comme de l'argent réel. La lecture du texte figurant sur ces billets vous confirmera d'ailleurs la valeur fiduciaire de cet argent. Le billet britannique de 5 livres sterling comporte ainsi l'inscription suivante : "La banque d'Angleterre promet de payer au porteur la somme de cinq livres."

Les billets à ordre (celui figurant en haut à droite a été rédigé en 1730 et commence par les mots : "Pray Pay..." qui signifient "Nous vous prions de payer..."), les chèques (à droite et en dessous à droite), les chèques de voyage et les warrants (en bas) ne sont pas de l'argent à proprement parler, mais ils représentent celui-ci. Les chèques constituent la formule la plus communément employée et sont bien plus sûrs que l'argent réel, puisqu'ils peuvent uniquement être endossés par la personne ou la société dont le nom apparaît après la mention "payable à".

Les cartes de téléphone ou télécartes (à gauche) comportent de nombreux dessins originaux et intéressent beaucoup les collectionneurs. Le peintre Vincent Van Gogh, un éléphant et un dessin de poule illustrent les cartes ci-contre. La carte où figure le train est d'origine japonaise et sert à payer des tickets de chemin de fer.

Vous pouvez acheter des mandats et des mandats-poste (en bas à gauche) dans les bureaux de poste. Contrairement aux chèques, les mandats ne doivent pas être signés par les personnes qui les émettent. C'est le destinataire qui appose sa signature et remet le mandat à la poste pour être payé en liquide.

JETONS

Les jetons constituent une forme d'argent remplaçant les pièces habituelles. Il ne s'agit toutefois pas de contrefaçons. Tant qu'ils peuvent être échangés pour le montant réel inscrit sur l'une de leurs faces, l'opinion publique acceptera cette forme d'argent comme si elle était réelle. La collection de jetons peut s'avérer fascinante car ceux-ci peuvent être chargés d'un passé très intéressant.

En temps de guerre

La plupart du temps, les jetons sont fabriqués et utilisés en cas de pénurie de pièces réelles. Ce phénomène peut par exemple se produire lors du siège d'une ville, qui pousse ses habitants à dissimuler ou économiser les pièces réelles. Ainsi, en 1574 à Leiden au Pays-Bas, les reliures de livres en cuir furent découpées, frappées et employées à la place de l'argent.

De nombreux jetons ont été produits pendant la Première Guerre mondiale en Allemagne, car les pièces en bronze étaient fondues pour fabriquer du matériel de guerre et l'augmentation des prix avait provoqué la mise hors circulation des pièces en argent. La frappe de monnaies en aluminium, en zinc ou en fer n'ayant pas suffi à compenser la pénurie, la fabrication de jetons fut décidée. Appelées "Notmünzen", ces pièces n'ont pas rencontré plus de succès que les pièces en métal bon marché et l'on s'orienta alors vers des billets de banque de nécessité appelés "Notgelden" (voir page 19), qui furent imprimés en quantités étonnamment importantes.

Guerre civile

Des jetons ont également été frappés lors de guerres civiles, comme en Angleterre à la moitié du XVIIe ou aux Etats-Unis entre 1861 et 1865. La méthode employée pendant la guerre de Sécession américaine et consistant à émettre des jetons constitués d'un disque métallique frappé d'un timbre postal fut copiée pendant la Première Guerre mondiale. Dans le même esprit, des timbres-poste furent imprimés sur du carton épais et employés en tant que jetons d'argent pendant la guerre civile qui suivit la Révolution russe de 1917.

Pénurie de pièces

A d'autres époques, les jetons furent introduits car il n'existait pas suffisamment de pièces réelles de faible valeur en circulation. Ainsi, pendant vingt ans (entre 1775 et 1797), le gouvernement britannique n'est pas parvenu à sortir de petites pièces de monnaies en cuivre, si bien que les entreprises ont produit leur propre jeton d'un demi penny et d'un penny en remplacement de la monnaie réelle.

Ce jeton britannique d'un demi-penny à motif de diligence postale montre une voiture et son attelage avec le cocher qui tient les rênes. Ce jeton a été produit pour John Palmer "en remerciement des bienfaits prodigués par la création des diligences postales". Palmer avait instauré le service des diligences postales en 1784.

Les jetons en ivoire étaient utilisés dans les plantations privées des îles Cocos (Keeling).

Ce jeton produit par la Société canadienne de la Baie d'Hudson était un "huitième de castor". Cette société fut fondée en 1670 pour pratiquer le commerce de la fourrure et ce jeton représente donc un huitième de peau de castor. Les jetons ont été largement employés au Canada avant que le pays ne se dote de son propre numéraire.

Jetons

Une entreprise minière britannique située sur l'île galloise d'Anglesey a fabriqué, à partir du cuivre local, des jetons à l'effigie d'un druide, prêtre de l'ancienne religion païenne, et ceux-ci ont rapidement été employés dans d'autres parties du pays. D'autres commerçants et sociétés ont copié ces jetons et très vite, des milliers d'entre eux se trouvèrent en circulation. Certains jetons de très belle facture ont été créés spécialement à l'intention des collectionneurs.

Jetons publicitaires

D'autres jetons, appelés "jetons de commerce", sont créés afin de faire la publicité des services ou des biens proposés par les commerçants ou les fabricants concernés. Au XIXe siècle, les jetons fabriqués par les institutions publiques tels les hospices étaient échangés contre de la nourriture, un abri ou des vêtements. Les jetons produits par les propriétaires d'usines ou de mines permettaient à leurs salariés de "payer" leur repas à la cantine.

Ce jeton Salung en porcelaine de 1850 environ était destiné à être employé dans un casino de Thaïlande. Les casinos du monde entier disposent de jetons que les joueurs achètent pour parier aux tables de jeux.

Qu'emploie-t-on comme argent dans un endroit où l'on fabrique de l'argent ? Ce jeton, produit au "Royal Mint" de Llantrisant (Monnaie royale britannique) au Pays de Galles, a été créé dans le but d'être différent des pièces qui y sont frappées.

Pendant la crise économique de 1922-23, la chambre de commerce française sortit des jetons de 1 franc (à gauche ci-contre et en bas), 2 francs et 50 centimes. Ils portaient l'inscription "Bon pour" suivie de la valeur attribuée. Ce nom est d'ailleurs souvent employé pour les jetons: les "bons-pour", qui indiquent la valeur de celui-ci.

Voici un jeton allemand de 10 pfennigs créé en 1917, c'est-à-dire pendant la Première Guerre mondiale. Plus de 7000 pièces de cet argent de guerre furent produites par plus de 1000 villes, villages et entreprises.

GLOSSAIRE

A l'instar de la plupart des hobbies, la collection de monnaies et billets de banque constitue un univers en soi. Chacun y parle en employant des termes que la plupart des gens n'ont jamais entendus ou utilisent d'une manière différente: revers, droit, essai monétaire, matrice, frappe, fonte, à fleur de coin et beaucoup d'autres encore. Voici une sélection de ces termes spécifiques que vous rencontrerez dans la littérature consacrée aux pièces et billets.

Ag. Symbole chimique de l'argent. D'autres métaux sont désignés par les symboles **Al** (*aluminium*), **Au** (*or*), **Cu** (*cuivre*), **Fe** (*fer*), **Mg** (*magnésium*), **Ni** (*nickel*), **Pt** (*platine*), **Sn** (*étain*) et **Zn** (*zinc*). Le laiton (**Bra**) et le bronze (**Ae**) sont des alliages, c'est-à-dire des mélanges de métaux.

Aloi. Proportion de métal précieux (*argent, or ou platine*) entrant dans la composition d'une pièce.

Argent carton. Argent de nécessité au Canada et en France à la fin du XVIIIe et au début du XIXe siècle. En raison d'une pénurie de papier, les billets ont en effet dû être fabriqués à partir de cartes à jouer.

Argent d'occupation. Numéraire militaire introduit dans un pays par l'armée d'occupation.

Argent pour troupes d'invasion. Argent officiel donné aux soldats des forces alliées et destiné à être utilisé en Allemagne, en Italie, au Japon ou en France pendant la Deuxième Guerre mondiale. Voir également argent d'occupation.

Argent privé. Argent émis par des organisations (*commerçants*) et différent de la monnaie autorisée par le gouvernement.

Avers. Equivalent de droit pour une médaille.

Billets à ordre. Promesses de paiement, à la demande du porteur ou à l'expiration d'une période déterminée, d'une somme d'argent donnée. Tous les billets de banque sont des billets à ordre, puisqu'ils "promettent de payer à vue au porteur" la somme d'argent indiquée sur celui-ci.

Billets de banque. Papier-monnaie imprimé par une banque, contrôlé par un gouvernement. On en garantit au porteur le paiement en pièces sur demande.

Billets d'institution bancaire. Papier-monnaie imprimé par des institutions et banques privées.

Billets dentelés. Papier-monnaie dont le bord présente une forme particulière. Avant d'être converti en espèces, le billet était apposé à un talon conservé par la banque émettrice, de manière à pouvoir détecter les contrefaçons.

Billets de remplacement. Billets imprimés pour remplacer des billets endommagés ou mal imprimés. Ils ne suivent pas la séquence des numéros de série.

Billets de succursale bancaire. Emissions réalisées par différentes succursales d'une même banque. Chacune peut posséder son propre sujet ou simplement indiquer le nom de sa ville sur le billet.

Billets d'inflation. Billets de très grande valeur émis - ou réimprimés en vue d'augmenter leur valeur - par des pays connaissant une hyperinflation (*augmentation très rapide des prix*).

Billets divisés. Papier-monnaie découpé en deux ou quatre parties, généralement employé pendant une pénurie de pièces. Ces moitiés ou quarts peuvent être réimprimés pour porter l'indication de leur nouvelle valeur.

Billets non mis en circulation. Billets émis, mais refusés, non signés ni mis en circulation. Ils résultent généralement d'une modification des dessins par la banque ou d'une faillite de celle-ci. Le collectionneur peut étudier des milliers de types de billets non mis en circulation et il existe même d'énormes catalogues consacrés uniquement à ce domaine.

Billets timbrés. Papier-monnaie sur lequel des timbres ont été apposés afin d'en augmenter la valeur.

Billetophile. Voir notophile.

Bills of Credit (*traites de commerce*). Terme américain pour le papier colonial et continental.

Bons-pour. Jetons ou billets de nécessité de faible valeur.

Cannelures. Stries sur la tranche.

Certificat. Papier-monnaie américain prenant la forme d'un reçu pour de l'or ou de l'argent.

Champ. Espace entre le sujet et la légende.

Colonial Currency (*papier colonial*). Papier-monnaie des Etats américains lorsqu'ils étaient encore des colonies britanniques.

Continental Currency (*papier continental*). Papier-monnaie qui circula en Amérique du Nord en 1775 et 1779.

Contremarque. Marque frappée postérieurement pour modifier la valeur d'une pièce.

Cordonnet. Bordure de la pièce formant un bourrelet circulaire.

Dénomination. Surnom donné à un billet ou une pièce, par exemple le "Pascal" pour le billet de 500 francs français ou le "Fiver" pour le billet de 5 livres britannique.

Différent. Lettres ou symboles servant de signature au maître graveur ou au directeur de l'atelier monétaire. Voir également marque d'atelier.

Divisionnaires. Pièces ou billets représentant des subdivisions du numéraire principal, exemple; le centime et ses multiples par rapport au franc.

Droit. Côté de la pièce portant effigie, monogrammes ou armoiries.

Essai monétaire ou Pièce d'hommage. Pièce produite dans le but de tester de nouveaux sujets et processus de fabrication. Les essais monétaires sont généralement frappés sur des flans soigneusement préparés. La plupart ne débouchent jamais sur la frappe d'une monnaie destinée à être mise en circulation. En revanche, les Essais de matrice sont frappés pendant la préparation des matrices afin de contrôler le progrès du travail et ils peuvent même être réalisés sur des morceaux de métal de forme irrégulière.

Glossaire des monnaies et billets

Flan. Disque de métal vierge sur lequel sera imprimée en relief, à la frappe, l'empreinte des deux coins.

Indications de provenance. Lettres ou symboles indiquant l'origine du métal entrant dans la fabrication d'une pièce. Ainsi, les lettres "SSC" sur la pièce de droite indiquent que l'argent de cette pièce avait été fourni par l'entreprise South Seas Company.

Marque d'atelier. Lettre ou symbole indiquant dans quel atelier monétaire une pièce a été frappée.

Monnaie commémorative en métal vil. Monnaie commémorative réalisée dans un métal vil (non précieux) plutôt que dans un métal précieux comme l'argent ou l'or.

Monnaie décimale. Système de monnaie basé sur une unité divisée en dixièmes ou en centièmes. Par exemple: 100 cents australiens = 1 dollar. Avant 1966, l'Australie possédait une monnaie non décimale qui se déclinait en: 12 pence = 1 shilling, 2 shillings = 1 florin, 20 shillings = 1 livre.

Monnaie fiduciaire. Billets de banque mis en circulation sans garantie or ou garantie de toute autre valeur sûre.

Notophile. Collectionneur de papier-monnaie.

Numéraire. Ensemble des pièces d'un système (exemple: le numéraire romain du IIIe siècle).

Numéro de série. Numéro attribué à chaque billet de banque lors de son impression. Il n'existe pas deux billets portant le même numéro. Les billets de banque sont numérotés dans l'ordre arithmétique (10001, 10002, 10003, etc.).

Numismatique. Etude des monnaies et médailles.

Patine ou Lustre ou Brillance d'origine. Croûte (généralement de saleté) formée à la surface d'une pièce. Le dépôt vert fréquent sur les pièces en cuivre ou en laiton (à droite) est appelé "vert-de-gris". Il s'agit d'une couche de carbonate ou de sulfate cuivrique qui se forme sur les pièces conservées en milieu humide.

Pied-fort ou Piéfort. Pièce d'une épaisseur supérieure à la normale, généralement frappée à des fins de présentation.

Poinçons de garantie. Lettre ou symbole indiquant que la pureté et le poids de la pièce ont été testés.

Portrait. Représentation schématique d'une personne ou d'un animal, employée comme motif sur des pièces ou des billets. Un double portrait présente deux personnes sur la même face d'une pièce. Lorsque les deux visages se regardent, la pièce est dite "à têtes affrontées". La monnaie est dite "conjuguée" lorsque les têtes du droit regardent dans la même direction et se couvrent en partie, comme le montre l'exemple ci-contre.

Réforme (de la monnaie). Modification complète du système monétaire d'un pays.

Réimpression. Billets remis en circulation après une période d'interruption. Ils ont généralement subi une surimpression.

Revers. Face opposée au "droit" ou "avers".

Scyphate. Se dit de monnaies byzantines légèrement concaves et ressemblant à une petite coupe.

Surimpressions. Marques appliquées sur un billet et stipulant son annulation, sa réévaluation, etc. Un billet recevra la surimpression "spécimen" s'il est employé à des fins publicitaires ou s'il est envoyé à d'autres organisations en tant qu'échantillon de référence.

Timbres-monnaie. Jetons consistant en timbres-poste montés sur des cadres métalliques.

Uniface. Pièces portant un portrait, un emblème ou un autre motif sur une seule de ses deux faces.

Unité monétaire. Devise dans laquelle une monnaie ou un billet est exprimé, par exemple franc ou dollar.

Valeur faciale. Valeur inscrite sur une pièce.

QUELQUES ADRESSES UTILES

 S.N.E.N.N.P (Syndicat national des experts numismates et numismates professionnels), Sec. : Alain Poinsignon, 4 rue des Francs-Bourgeois. F — 6700 Strasbourg.

 F.F.A.N. (Fédération française des associations numismatiques), Prés : Dr. Kolski, 15 rue du Château d'eau. F — 75010 Paris.

 A.B.L.N.P. (Association belgo-luxembourgeoise des numismates professionnels), Sec. : J.-L. Van Der Schueren, 14 rue de la Bourse. B — Bruxelles.

 A.E.N. (Alliance européenne numismatique), contact F. Jouret, 159 chaussée de Wemmel. B — 1090 Bruxelles

 Hôtel de la Monnaie, 11 quai Conti. F — 75006 Paris
Vous y verrez toute l'histoire de la monnaie française.

 Musée numismatique et historique de la Banque Nationale de Belgique, 9 rue du Bois sauvage, 1000 Bruxelles.

 Bibliothèque Royale Albert I, Cabinet des Médailles, 4 Bd de l'Empereur, 1000 Bruxelles.

 Canadian Numismatic Association, Box 226, Barrie, Ontario Canada L4M 4T2.

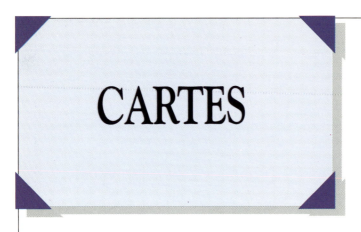

CARTES

Les cartes de ces 4 pages indiquent les endroits du monde où les gouvernements impriment des billets et frappent des monnaies, ainsi que la devise employée dans ces pays. Les catalogues numismatiques vous fourniront davantage d'informations sur les monnaies de ces pays. De temps à autre, la liste des pays battant monnaie est modifiée: certains changent de nom, tandis que des Etats nouvellement indépendants viennent s'ajouter à la liste. Ainsi en est-il des pays baltes - Lettonie, Lituanie et Estonie - qui ont quitté la tutelle de l'ex-Union Soviétique et retrouvé ainsi leur indépendance en 1990-91 (dans les catalogues spécialisés, l'URSS est généralement reprise sous l'intitulé Russie). De même, de nombreux pays battant monnaie ont été intégrés dans des pays plus grands ou ont même cessé d'exister. Ainsi au Proche-Orient, la République arabe du Yémen (qui utilisait le rial) ainsi que la république populaire du Yémen du Sud (qui utilisait le dinar) ont fusionné pour devenir la République du Yémen avec une monnaie unique, le rial. L'URSS (Union soviétique) est un des pays qui a cessé d'exister en tant que tel.

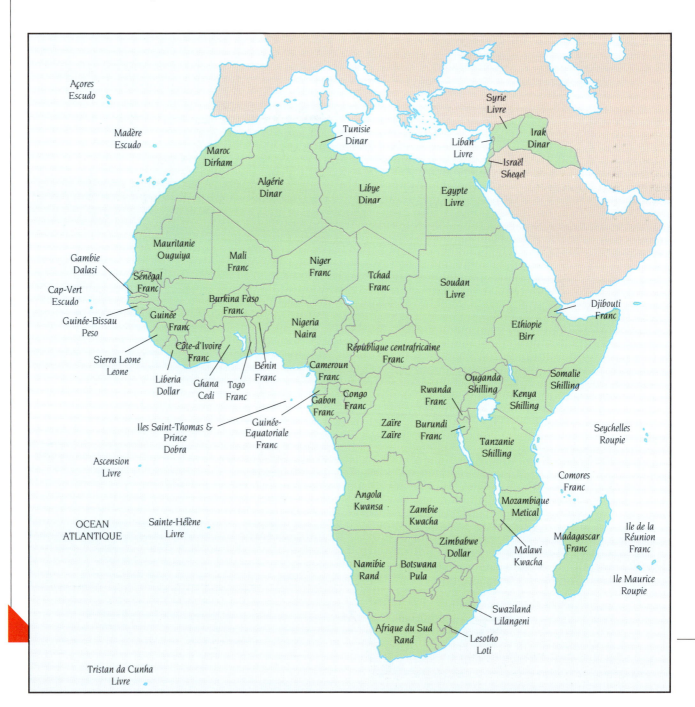

Cartes

Cartes

74

Cartes

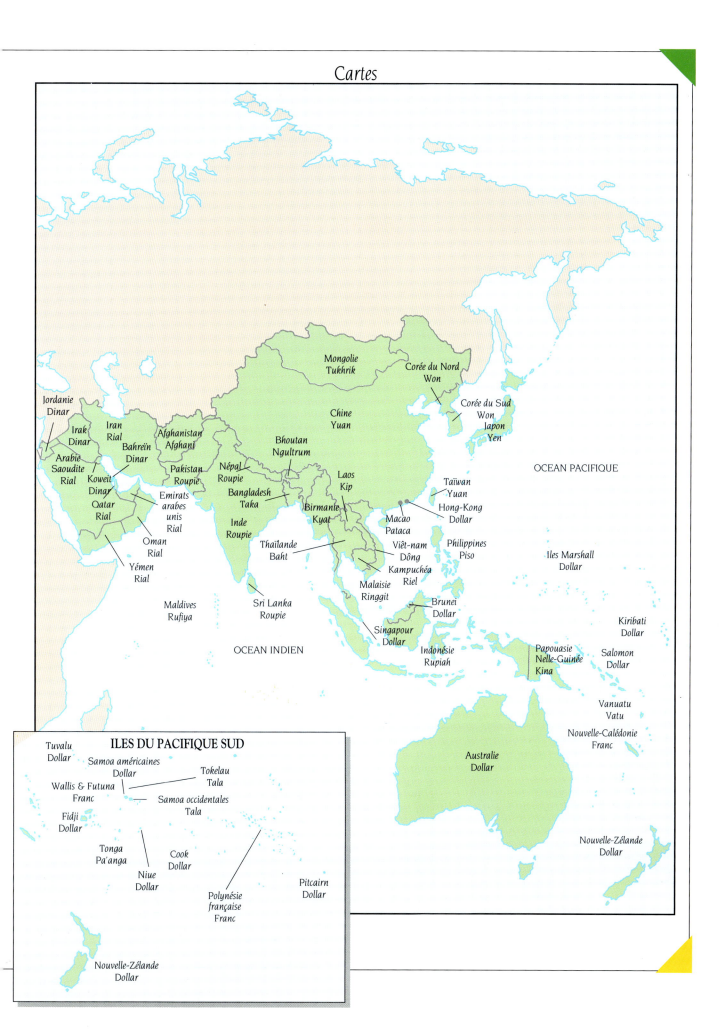

INDEX

Afrique occidentale 27
Afrique orientale (*pièces*) 55
Allemagne (*billets*) 17, 39, 41, 64, 68, 69
Alexandre le Grand 22-23
Allemagne (*pièces*) 19, 31, 65, 68
Aluminium (*pièces*) 29, 68
Angleterre (*billets*) 15, 19, 31, 55, 67
Angleterre (*pièces*) 15, 16, 24, 43, 52, 53, 63, 64
Angola (*pièces*) 55
Argent plastique 66
Assignat 31
Atelier monétaire 22, 24, 27, 28, 46, 57, 69
Athena et chouette 23
Australie (*pièces*) 42, 52, 56,
Autriche (*pièces*) 29, 40, 41

Bahamas (*pièces*) 36
Barbades (*pièces*) 36
Biafra (*billets*) 55
Billets à ordre 31, 67
Birmanie (*pièces*) 52
Bon pour 69
Bourse 10
Byzance (*pièces*) 38, 39, 51

Cabo de barra 46
Cambodge (*billets*) 51
Cameroun (*pièces*) 55
Canada (*billets*) 65
Canada (*pièces*) 16, 17, 26, 43, 45, 52, 62, 68
Cannelure 26
Carte téléphonique 67
Casquette 62
Catalogues 10, 12, 15, 15
Ceylan (*pièces*) 16
Chèque bancaire 67
Chine (Hell note) 19, 30,
Chine (*pièces*) 17, 21, 29, 50, 58
Christophe Colomb 8, 43
Cléopâtre VII d'Egypte 23
Congo belge (*pièces*) 55
Contrefaçon 33, 63
Contremarque 37,
Corée (*pièces*) 29, 50

Cuba (*billets*) 37, 46

Danemark 26, 29
Deux-Siciles (*pièces*) 40
Détecteur de métal 61
Distributeur automatique 9

ECU 66
Egypte ancienne 21, 64
Electrum 22
Espagne (*billets*) 19, 37
Espagne (*pièces*) 17, 37, 40, 44, 56, 57, 59
Essai monétaire 29, 65
Estonie (*billets*) 41
Etat des pièces 12, 13
Etats-Unis (*billets*) 44, 45
Etats-Unis (*pièces*) 14, 16, 26, 27, 42, 43, 44, 45
Ethiopie (*billets*) 49

Finlande (*pièces*) 42
France (*pièces*) 16, 39, 40, 55, 59, 69

Gambie (*pièces*) 17
Gravure 32
Grèce (*pièces*) 22, 23, 42, 49, 54
Guatemala (*pièces*) 46
Guernesey (*pièces*) 52
Guerres civiles (*pièces*) 45, 68

Haïti (*billets*) 36
Holey dollar (dollar troué) 56, 57
Homme dans la lune 64
Hong-Kong (*pièces*) 16, 18, 53
Hongrie (*pièces*) 64, 65
Huitième de castor 68

Ile de Man (*billets*) 38
Iles Marshall (*pièces*) 30
Iles Vierges britanniques (*pièces*) 17, 48
Impression 32, 33
Inchiquin 53
Inde (*pièces*) 50, 52
Inflation 65
Iran (*pièces*) 49
Irlande (*billets*) 41

Irlande (*pièces*) 53
Islande (*billets*) 38
Israël (*pièces*) 49
Italie (*billets*) 41
Italie (*pièces*) 27, 29, 39, 40, 41
Jamaïque (*pièces*) 52
Japon (*billets*) 49
Japon (*pièces*) 29
Jetons 45, 68, 69
Jordanie (*pièces*) 49, 51
Katanga (*billets*) 27
Laos (*pièces*) 51
Liban (*pièces*) 51
Lybie (*pièces*) 54
Madagascar (*pièces*) 55
Malaysie (*pièces*) 29
Malte (*billets*) 18
Malte (*pièces*) 15, 52
Mandat 67
Marianne 40
Maroc (*pièces*) 49
Marshall Hole 31
Matrice 18, 29
Maundy 15, 64
Mexique (*billets*) 18, 47
Mexique (*pièces*) 17, 46, 47, 52, 63
Micronésie (*pièces*) 57
Mogadiscio (*pièces*) 54
Moyen-Orient (*pièces*) 51
Mozambique (*billets*) 33
Mozambique (*pièces*) 54

Nepal (*pièces*) 50
Nigeria (*pièces*) 55
Norvège (*billets*) 41
Notgelden 19, 68
Notmünzen 68
Nouvelle-Guinée (*pièces*) 57
Nouvelle-Zélande (*billets*) 63
Nouvelle-Zélande (*pièces*) 56, 57

Panama (*pièces*) 46
Pays-Bas (*billets*) 68
Pays-Bas (*pièces*) 53, 58
Pérou (*pièces*) 47
Philippines (*pièces*) 17, 52
Pièces commémoratives 16, 17, 42, 43, Pièces de huit 47, 58
Pologne (*pièces*) 17
Polynésie française (*pièces*) 57
Portugal (*pièces*) 16, 17, 53, 55

Rhodésie (Zimbabwe) (*pièces*) 31, 55
Rome ancienne (*pièces*) 23, 24, 25, 29, 39, 42, 54

Samoa occidentales (*pièces*) 43
San Marino (*pièces*) 40
Scellage 12

Soudan (*billets*) 55
Soudan (*pièces*) 55
Stevenson, Robert-Louis 43
Straits Settlement 52
Suède (*billets*) 31
Suisse (*pièces*) 53
Sujets 22, 27, 28, 32,
Swaziland (*pièces*) 52
Symboles chrétiens 25, 39, 51
Syrie (*pièces*) 49, 51

Têtes d'Indien 14, 16
Thaïlande (*pièces*) 48
Thaler 40, 41
Tibet (*billets*) 30
Thrymsa 39
Troc 11, 20, 21, 22, 44, 56

URSS (*pièces*), 17, 29, 39, 49

Viêt-Nam (*pièces*) 50
Vikings 38

Wampum 21
Warrants 67

Zanzibar (*pièces*) 54